신앙을 시작하는 그대에게

님께 드리는 선물

신앙을 시작하는 그대에게

초판 1쇄 발행 | 2018년 12월 14일

지은이 | 정승환
펴낸이 | 이한민
펴낸곳 | 아르카

등록번호 | 제307-2017-18호
등록일자 | 2017년 3월 22일
주　　소 | 서울 성북구 숭인로2길 61 길음동부센트레빌 106-1805
전　　화 | 010-9510-7383
이 메 일 | arca_pub@naver.com

홈페이지 | www.arca.kr
블 로 그 | arca_pub.blog.me
페이스북 | fb.me/ARCApulishing

ⓒ 정승환, 저자와의 협약으로 인지는 생략되었습니다.
이 출판물은 저작권법에 의해 보호받는 저작물이므로 무단 전재와 무단 복제를 할 수 없습니다.
이 책 내용의 일부 또는 전부를 재사용하려면 반드시 저자와 출판사의 동의를 얻어야 합니다.
잘못 만들어진 책은 구입하신 서점에서 교환해 드립니다.

책　　값 | 뒤표지에 있습니다
I S B N | 979-11-89393-03-8 03230

아르카ARCA는 기독출판사이며 방주ARK의 라틴어입니다(창 6:15).
네가 만들 방주는 이러하니 … 새가 그 종류대로, 가축이 그 종류대로,
땅에 기는 모든 것이 그 종류대로 각기 둘씩 네게로 나아오리니 그 생명을 보존하게 하라 _창 6:15,20

환영하고 축하하며 사랑해서 드리는 선물

Welcome New Believer

신앙을 시작하는 그대에게

정승환 지음

아르카

○ 차례

● 환영의 인사　　008

1. '신앙생활'을 시작하는 그대를 환영합니다

- 01　정말 잘 하셨습니다　　016
- 02　끝까지 가봅시다　　026
- 03　정말 잘 해봅시다　　034
- 04　그런데, 신앙생활이란 무엇일까요?　　042

2. 그대의 신앙생활은 하나님을 '알아가기'입니다

- 05　하나님을 어떻게 알아갈 수 있나요?　　052
- 06　세상을 지으신 하나님, 그대의 아버지　　065
- 07　하나님의 꿈, 하나님 나라　　077
- 08　예수, 하나님의 아들　　092
- 09　성령님, 그대의 동행자　　111
- 10　교회, 신앙생활의 터전　　124

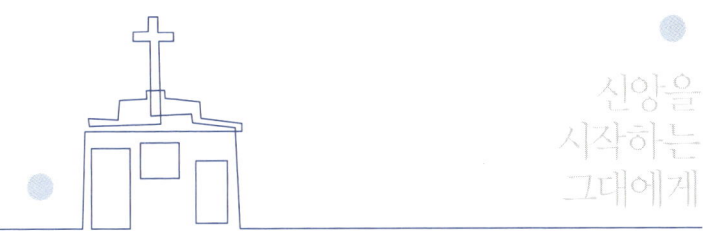

3. 그대의 신앙생활은 하나님을 '따라가기'입니다

—— 11   하나님께서 그대를 부르십니다   142

—— 12   그대는 부르심을 듣고 결단합니다   154

—— 13   그대는 조율하며 성장합니다   170

—— 14   그대는 하나님과 함께 일합니다   185

—— 15   그대는 분투합니다   198

—— 16   그대는 희망을 노래합니다   212

환영의 인사

한 영어 선생님에게 평소 궁금했던 걸 질문했습니다.
"어떻게 하면 영어를 잘할 수 있나요? 선생님 수업만 잘 들으면 되나요?"
"꼭 그렇지는 않아요. 영어를 잘하는 건 본인이 얼마나 열정을 가지고 있느냐에 달려 있어요. 무엇보다 영어를 자주 사용해야 해요. 그런데 그런 열정이 있어도 어려울 수 있어요. 영어를 사용할 수 있는 최소한의 토대(土臺)가 있어야 하거든요. 쉽게 말해 기초가 없으면 힘들어요. 저는 그런 분들에게 영어의 토대를 만들어 드리는 겁니다. 집 짓는 일을 생각해보세요. 저는 목수처럼 뼈대를 세우는 일을 돕습니다. 일단 건축의 기초를 쌓은 다음에 집 내부를 꾸미는 것은 누구나 하기 나름이고 각자의 몫이죠. 집이 정말 집처럼 완성되는 건 집 주인의 관심과 열정이 좌우하거든요. 물론 이 과정에서도 도움을 요청하시면 제가 도와드리죠. 마찬가지로 영어 잘하는 것도 기본 더하기 열정이에요."

그의 이야기를 들으면서, 무언가를 배울 때는 두 가지가 필요함을 깨달았습니다.

하나, 스스로 잘 해보려는 마음입니다.

둘, 스스로 잘 할 수 있도록 도와주는 최소한의 토대입니다.

저는 이것을 신앙생활과 연관지어 생각해보았습니다. 누가 신앙생활을 잘 할 수 있을까요? 스스로 잘 해보려는 마음이 있는 사람입니다. 예를 들면, 시간을 들여 성경을 공부하는 사람입니다. 기도하는 사람입니다. 하나님께서 기뻐하시는 삶을 열망하는 사람입니다.

그러나 이제 막 신앙생활을 시작하는 사람에게 성경책만 건네주고 "신앙생활은 각자 열정으로 하기 나름이니 알아서 하세요"라고 말할 수 없습니다. 그렇게 하는 건 집을 지어본 적이 없는 사람에게 건축 재료만 던져주는 것과 같습니다. 스스로 신앙생활을 영위할 수 있을 정도의 토대는 필요합니다.

그렇다면 신앙생활의 토대는 무엇일까요? 세 가지입니다.

첫째, 어떤 마음으로 신앙생활을 해야 하는지 아는 것입니다.

둘째, 신앙의 대상이신 하나님이 어떤 분인지 아는 것입니다.

셋째, 하나님을 어떻게 따라야 하는지 아는 것입니다.

이것이 신앙생활의 토대, 곧 신앙의 기초입니다. 일단 이런 토대가 세워지면 저마다 가진 열정만큼 신앙이 성장합니다.

신앙의 토대를 세우고, 그 위에 열정의 기름을 부어 다양한 신앙활동을 해보십시오. 신앙이 자랍니다.

신앙생활을 시작하는 그대를 격려할 책

저는 교회를 섬기는 목회자입니다. 저는 신앙생활을 시작한 분들에게 어떤 선물을 드릴 수 있을까요? 가장 큰 선물은 신앙생활에 토대를 만들어주는 책이라고 생각했습니다. 그래서 이 책을 썼습니다. 이 책은 새롭게 신앙생활을 시작하신 분들을 축하하고 격려합니다. 신앙생활에 토대를 세우는 책이며, 앞으로 신앙생활을 잘 이어나갈 수 있기를 기원하는 선물입니다.

신앙의 토대를 만드는 일이 지나치게 어려우면 안 됩니다. 하지만 쉽기만 해서도 안 됩니다. 신앙생활에서 반드시 알아야 하는 내용이라면 조금은 어려워도 반드시 알아두어야 하기 때문입니다. 신앙생활의 피상적인 부분만 다루면 훗날 오히려 신앙 성장에 걸림돌이 될 수 있습니다. 신앙생활의 기초를 분명히 알아두어야 더 깊고 풍성한 수준으로 성장할 수 있습니다. 이 책은 그런 의도를 가지고 썼습니다. 오늘 교회에 처음 오신 분은 물론, 신앙생활을 한 지 몇 년이 지났지만 좀더 잘 해보고 싶은 분들에게 신앙생활의 토대를 세워드릴 것입니다.

이 책은 한때 신앙생활을 했지만 어떤 이유로 신앙생활(혹은 교회 다니는 일)을 하지 않고 있다가, 다시 새롭게 신앙생활을 시작하는 분들에게도 유익을 드릴 수 있습니다. 더불어 최근에 신앙생활을 시작했지만 신앙생활이 무엇이고 무엇을 믿고 따라야 하는지에 대해 정리가 되어 있지 않은 분에게도 유익할 것입니다. 경우에 따라선 교회 다닌 지 10년 이상 지난 분에게도 도움이 될 수 있습니다.

이 책은 혼자 읽어도 되고, 교회에서 여럿이 함께 읽을 수도 있습니다. 각자 읽은 다음 함께 모일 때, 느낀 점이나 궁금한 내용을 나누면 되는 것입니다. 그래서 교회마다 새신자를 섬기는 새신자반(새가족부)에서 새신자 양육 교재로 사용할 수 있습니다. 저는 제가 목회하는 교회의 새신자반에서 교재로 사용하도록 이 책을 썼습니다. 뿐만 아니라 모든 교인에게 이 책의 내용을 가르치고 있습니다. 기존에 교회 다니는 분들도 신앙의 기본을 정리하는 것이 필요하다고 보았기 때문입니다. 교회를 오래 다닌 신자들도 잘 모르고 지나갔던 신앙생활의 토대를 다시 다질 수 있어서 유익했다고 하셨습니다.

저는 이 책을 통해 초보신자든 오래 신앙생활을 하신 신자든 누구에게나 신앙 성장을 위한 토대가 마련될 수 있기를 기대합니다. 그래서 부득불 기독교인에게 익숙한 용어를 사용할 수밖에 없었고, 신학교에서 사용하는 신학 용어도 조금 사용했습니다. 그래서 이 책의 신학적 내용이 처음 읽는 분에겐 이해가 잘 되지 않을 수 있습니다. 그래도 신앙생활에 꼭 필요한 내용이라 믿으시고 몇 번 더 찬찬히 읽어보시면 좋겠습니다.

사실 신앙생활은 이 책이 보여주는 내용보다 훨씬 깊고 넓고 풍성합니다. 더 많이 알아야 할 지식의 영역이 있습니다. 더 세밀하게 행해야 할 행함의 영역이 있습니다. 그 풍성한 신앙생활의 길로 나아가는 데 이 책이 좋은 토대가 되기를 기도합니다. 이 책을 다 보신 다음 더 궁금한 부분이 생기면, 지도하시는 목회자에게 추가로 질문하시거나 관련 신앙도서를 추천받아 읽어보시면 좋겠습니다.

선물하고 싶은 세 가지 이야기

이 책은 총 3부로 구성되어 있습니다.

제1부는 처음 신앙생활을 시작하는 분들에게 드리는 3가지 격려와 권면입니다. 앞으로 살펴볼 신앙생활에 대한 기본적인 소개를 담았습니다.

저는 이미 신앙생활을 시작한 신자들에게 이렇게 묻곤 했습니다. "먼저 신앙생활을 시작한 사람으로서, 처음 신앙생활을 하려는 분에게 어떤 이야기를 해주고 싶으세요?"

저는 이 질문을 드리고 3가지 대답을 가장 많이 들었습니다.

"정말 잘 하셨어요."

"중간에 그만두지 마시고 꼭 끝까지 같이 가요."

"이왕 신앙생활 하시기로 마음을 먹었으니 정말 열심히 해보셨으면 좋겠어요."

새롭게 신앙생활을 시작하려는 분들을 향한 격려와 권면이었습니다. 그들을 향한 사랑의 마음을 느낄 수 있었습니다. 신앙생활을 시작하는 분들을 향한 하나님의 마음이 표현된 것이라고 생각합니다.

신앙생활을 어느 정도 하신 분이라면 1부의 4장(그런데, 신앙생활이란 무엇일까요?)부터 읽으셔도 무방합니다. 하지만 신앙생활에 갓 들어선 분들을 향한 하나님의 마음을 다시 느끼기 원하신다면 첫 장부터 읽어보시길 권합니다.

2부와 3부는 신앙생활의 토대를 형성하는 두 축에 관한 내용입니다. 2부는 신앙의 대상에 대한 내용입니다. 신앙생활이 무엇을 믿으며 살아가는 것인지 아실 수 있습니다. 3부는 신앙인의 생활이 어떠해야 하는지에 대한 내용입니다. 신앙생활이 어떤 삶을 이루어가는 것인지 아실 수 있습니다.

본격적으로 시작하기에 앞서, 신앙의 여정에 들어서신 것을 다시 환영합니다. 정말 잘 하셨습니다. 교회 잘 오셨습니다. 이 책을 통해 신앙생활의 토대가 형성되고, 신앙생활의 영광에 참여하시길 기도드립니다. 신앙생활을 통해 지나온 날보다 앞으로의 인생이 더욱 찬란하시길 기도하고 응원합니다. 참 잘 하셨습니다.

정승환 목사

1
'신앙생활'을 시작하는 그대를 환영합니다

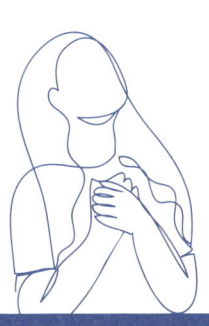

01 정말 잘하셨습니다

신앙생활을 시작하신 건 정말 소중하고 귀한 결단입니다. 그래서 저는 신앙생활을 시작한 분을 만나면 이렇게 말씀드립니다.

"신앙생활 시작하신 것, 정말 잘하셨습니다. 하나님이 기뻐하십니다."

— 신앙생활을 시작한 것이 왜 잘 한 일일까요?

첫 번째, 하나님께서 그대의 신앙생활을 기뻐하십니다.
한 사람이 신앙생활을 시작할 때 하나님은 어떤 마음이실까요?

성경에는 이에 대해 알려주는 이야기가 있습니다. 돌아온 탕자 이야기입니다(누가복음 15장). 한 아들이 아버지의 재산을 가지고 집을 떠나 타지에 가서 방탕하게 살았습니다. 가진 돈을 다 잃었습니다. 초라한 모습으로 살다가 결국 아버지에게 돌아가리라는 마음을 먹었습니다.

그 아들이 집으로 돌아왔을 때, 아버지는 어떻게 반응했을까요? 야단을 쳤을까요? 방망이로 때렸을까요? 집에 들어오지 말고 영원히 나가 살라고 쫓아냈을까요? 아닙니다. 아버지는 아들을 다시 찾은 것이 기뻐 성대한 잔치를 열었습니다.[1] 잃어버렸던 아들을 다시 찾았기 때문입니다.

제 아이가 4살이었을 때 함께 마트에 갔습니다. 저는 아이에게 사줄 장난감을 살펴보고 있었습니다. 아이에게 잠시 주의를 기울이지 않은 잠깐 사이에 그만 옆에 있던 아이가 사라졌습니다. 마음이 급해져 주변을 돌아보았습니다. 찾을 수 없었습니다. 아이의 이름을 부르기 시작했습니다. 그러자 어디선가 아이의 목소리가 들렸습니다.

"아빠!"

아이는 애완동물 매장에 있었습니다. 제 옆에서 장난감을 구경하다 말도 없이 갔던 것입니다. 비록 잠시였지만 저는 매우 당황

---

[1] 아버지는 종들에게 이르되 제일 좋은 옷을 내어다가 입히고 손에 가락지를 끼우고 발에 신을 신기라 그리고 살진 송아지를 끌어다가 잡으라 우리가 먹고 즐기자 이 내 아들은 죽었다가 다시 살아났으며 내가 잃었다가 다시 얻었노라 하니 그들이 즐거워하더라 (눅 15:22-24)

했습니다. 당황했던 만큼, 아이를 다시 발견했을 때 기쁨이 컸습니다. 다시 찾으니 반가웠습니다. 저는 그때 아버지의 마음을 알았습니다. 짧은 순간의 상실에도 아버지의 마음은 철렁 내려앉습니다. 내려앉은 만큼 다시 찾은 기쁨은 커집니다.

우리가 영원하신 아버지이신 하나님께로 돌아올 때 하나님의 마음이 이와 같습니다. 하나님께서 창조하셨으나 하나님 없이 살던 사람이 하나님께 돌아올 때, 하나님은 말할 수 없이 기뻐하십니다. 야단치시기는커녕 하나님 없이 힘들었을 삶을 위로하십니다. 앞으로 함께 살아갈 날을 기대하십니다. 제가 신앙생활을 시작하신 분들에게 "신앙생활 시작하신 것, 정말 잘 하셨습니다"라고 말씀드리는 이유가 바로 이 때문입니다. 오랜 시간 하나님을 모르고 살다가 하나님께 나아온 사람들을 보실 때, 하나님은 얼마나 기쁘시겠습니까? 잔치를 벌일 정도로 기뻐하시는 하나님의 마음이 느껴지시나요? 오늘 그대가 신앙생활을 시작하셨다면, 하나님은 잔치를 벌일 정도로 기뻐하고 계시다는 걸 기억하시면 좋겠습니다. 그러니 정말 잘하셨습니다.

두 번째, 신앙생활을 통해 하나님께서 예비하신 복을 맛보게 됩니다.
신앙생활은 새로운 삶을 시작하는 것입니다.[2] 새로운 삶 속에는

---

2   그런즉 누구든지 그리스도 안에 있으면 새로운 피조물이라 이전 것은 지나갔으니 보라 새 것이 되었도다(고후 5:17)

하나님이 예비하신 복이 있습니다. 성경의 첫 책인 창세기에는 하나님의 창조 이야기가 나오는데, 하나님은 세상을 창조하시면서 사람에게 복을 주셨습니다.[3] 그러나 사람이 하나님께 불순종하면서 하나님의 복과 멀어졌습니다. 죄와 죽음과 고난으로 점철된 삶을 경험하게 되었습니다.

그러나 하나님께서는 고통 속에 신음하는 사람을 사랑하셨습니다. 그래서 하나님은 복과 멀어진 사람을 다시 초대하셨습니다. 이 초대에 응답하여 하나님께 돌아오는 사람은 다시 복을 누릴 수 있습니다.[4] 그러므로 신앙생활, 잘 시작하신 겁니다. 하나님이 주시는 복을 맛보게 되실 것입니다.

그대를 위해 미리 준비하신 복

그러면, 하나님께서 우리에게 어떠한 복을 예비해두셨을까요?

첫 번째, 영적인 복입니다.

하나님은 사람을 영적 존재로 지으셨습니다.[5] 사람은 영이신 하나

---

3 하나님이 그들에게 복을 주시며(창 1:28)

4 여호와는 나의 목자시니 내게 부족함이 없으리로다 그가 나를 푸른 풀밭에 누이시며 쉴 만한 물 가로 인도하시는도다(시 23:1-2)

5 여호와 하나님이 땅의 흙으로 사람을 지으시고 생기를 그 코에 불어넣으시니 사람이 생령이 되니라(창 2:7)

님[6]과 교제하며 살 수 있었습니다. 하나님의 사랑을 맛보며 살 수 있었던 것입니다. 그러나 사람이 하나님께 불순종하였습니다. 하나님과 멀어지고 말았습니다.[7] 사람은 악한 영에게 영향을 받으며 살게 되었습니다.[8]

사람이 하나님께 불순종하였지만, 하나님은 그로 인해 고통당하는 사람을 불쌍히 여기셨습니다. 그래서 하나님께서는 용서받을 수 있는 길을 예비하셨습니다.[9] 예수 그리스도께서 죄 지은 사람을 대신해 십자가를 지신 일입니다. 그 예수님을 구원자요 주님으로 믿으면 구원받게 해주시는 것입니다. 사람이 이에 순종하면 다시 하나님과 교제하며 살 수 있게 되었습니다.[10] 악한 영이 아닌 하나님께 영향을 받을 수 있게 된 것입니다. 이것이 영적인 복입니다.

하나님은 살아계십니다. 하나님은 자기를 찾는 자에게 좋은 것을 주십니다. 이 믿음을 가지고 하나님께 나아오셨다면, 정말 잘

---

[6] 하나님은 영이시니 예배하는 자가 영과 진리로 예배할지니라(요 4:24)

[7] 모든 사람이 죄를 범하였으매 하나님의 영광에 이르지 못하더니(롬 3:23)

[8] 그 때에 너희는 그 가운데서 행하여 이 세상 풍조를 따르고 공중의 권세 잡은 자를 따랐으니 곧 지금 불순종의 아들들 가운데서 역사하는 영이라(엡 2:2)

[9] 십자가를 통한 용서의 길은 예수 그리스도를 설명하는 8장에서 더 자세히 보실 수 있습니다.

[10] 그리스도 예수 안에 있는 속량으로 말미암아 하나님의 은혜로 값 없이 의롭다 하심을 얻은 자 되었느니라(롬 3:24)

하셨습니다. 하나님께 영향을 받는 삶이 시작될 것입니다.[11]

하나님께 영향을 받는 것 자체가 엄청난 복입니다. 세상에서는 좋은 스승, 친구, 배우자를 만나는 것을 큰 복이라고 말합니다. 그들에게 좋은 영향을 받기 때문입니다. 그렇다면, 하나님의 자녀가 되어 하나님께 영향을 받는다면 얼마나 큰 복이겠습니까?

우리는 영이신 하나님을 눈으로 볼 수는 없습니다. 그러나 믿음을 가지고 신앙생활을 해보십시오. 우리의 영적인 감각이 깨어나면서 하나님의 신비한 인도하심을 경험하게 될 것입니다. 악한 영의 영향력으로부터 해방될 것입니다. 하나님의 선한 계획이 이루어지는 삶이 될 것입니다.

두 번째, 새로운 마음의 복입니다.

하나님은 우리의 마음을 새롭게 디자인하십니다. 행복은 어떤 마음으로 사는가에 달려 있는데, 아무리 좋은 환경 가운데 있어도 부족한 것만 보고 만족하지 못하며 늘 두려움과 염려에 갇혀 있다면 행복할 수 없습니다. 악한 영은 우리를 불행을 부르는 마음으로 인도합니다. 반면 하나님은 우리를 행복을 부르는 마음으로

---

[11] 믿음이 없이는 하나님을 기쁘시게 하지 못하나니 하나님께 나아가는 자는 반드시 그가 계신 것과 또한 그가 자기를 찾는 자들에게 상 주시는 이심을 믿어야 할지니라(히 11:6)

인도하십니다.[12]

하나님은 나 자체를 절대적으로 사랑하십니다. 존재 자체로 용납하십니다. 이로 인해 우리는 경쟁과 비교라는 감옥으로부터 자유로워질 수 있습니다. 타인을 사랑과 섬김의 대상으로 볼 수 있게 됩니다.

하나님은 우리가 우리에게 주어진 것을 바라보며 감사하게 하십니다. 이를 통해 우리는 불평의 감옥에서 해방될 수 있습니다. 하나님이 우리와 함께하신다는 사실을 생각하면 염려와 두려움의 감옥으로부터 자유로워질 수 있습니다. 담대해질 수 있습니다. 하나님은 우리에게 넓은 마음을 주십니다. 고집부리며 분쟁과 다툼을 일으키던 사람이 이해와 자비와 평화를 추구하는 사람이 됩니다.

하나님과 함께 새로운 마음을 품어보십시오. 하나님이 주시는 마음을 품어보십시오. 그대에게 행복이 찾아올 것입니다.

세 번째, 영원하고 완전한 복입니다.
하나님께서 우리에게 이 땅에서 베풀어 주시는 복이 많습니다. 그러나 가장 좋은 것은 아직 오지 않았습니다. 하나님은 우리에게 완전하고 영원한 복을 약속하셨기 때문입니다.

---

[12] 오직 성령의 열매는 사랑과 희락과 화평과 오래 참음과 자비와 양선과 충성과 온유와 절제니 이같은 것을 금지할 법이 없느니라(갈 5:22-23)

장차 누릴 천국에 대해 들어보셨나요? 그것이 하나님이 주실 최고의 복입니다. 그것을 천국 소망이라고 말합니다. 신앙생활을 하는 사람들은 '천국 소망'이 있어야 합니다. 하나님께서 예비하신 가장 좋은 것을 꿈꾸는 소망입니다. 우리가 신앙 안에서 인생의 경주를 다 마치면 이 천국을 만나게 될 것입니다.

하나님은 개인과 세상의 역사 끝자리에 가장 좋은 것을 예비해 두셨습니다. 인간의 삶을 뒤덮고 있던 온갖 부정적인 것들이 다 사라질 것입니다. 반면에 인간의 삶 속에 있어야 할 온갖 좋은 것들이 가득해질 것입니다.[13] 우리는 하나님의 영에 온전히 속하게 될 것입니다. 복된 마음으로 가득해질 것입니다. 먹고 사는 문제들로 인한 한숨이 사라질 것입니다. 질병으로 인한 괴로움이 사라질 것입니다. 사회에 공의와 정의가 세워지고 평화가 시작될 것입니다. 서로 사랑으로 섬기는 세상이 될 것입니다. 참으로 완전한 복, 완전한 세상을 맛보게 되는 것입니다. 저는 이와 같은 이유로도 신앙생활을 시작하신 당신을 축하합니다.

"신앙생활, 정말 잘 시작하셨습니다."

인사치레가 아닙니다. 진심으로 드리는 말씀입니다.

---

[13] 보라 하나님의 장막이 사람들과 함께 있으매 하나님이 그들과 함께 계시리니 그들은 하나님의 백성이 되고 하나님은 친히 그들과 함께 계셔서 모든 눈물을 그 눈에서 닦아 주시니 다시는 사망이 없고 애통하는 것이나 곡하는 것이나 아픈 것이 다시 있지 아니하리니 처음 것들이 다 지나갔음이러라 보좌에 앉으신 이가 이르시되 보라 내가 만물을 새롭게 하노라(계 21:3-5)

가장 잘 한 선택

저는 청소년기에 신앙생활을 시작하였습니다. 신앙생활을 하면서 '이렇게 좋은 삶을 더 일찍 알았더라면 얼마나 좋았을까' 하고 생각했습니다. 저의 아버지도 50대 후반에 신앙생활을 시작하셨습니다. 좀 더 일찍 시작할 수 있었더라면 더 좋았겠다고 고백하십니다.

신앙생활을 조금 늦게 시작한 편이라면 아쉬움이 있을 수 있습니다. 하지만 괜찮습니다. 우리의 삶은 영원을 향해 나아가기 때문입니다. 언제든 시작만 하였다면 영원히 하나님의 복을 누릴 것이기 때문에 조금 늦었어도 괜찮습니다.

중요한 것은 이 세상의 제한된 시간 속에서 영원의 운명을 바꾸는 일입니다. 그 첫걸음이 신앙생활을 시작하는 일입니다.

그래서 한 번 더 말씀드립니다.

"신앙생활, 정말 잘 시작하셨습니다."

🟠 정리와 나눔

1   하나님은 신앙생활을 시작한 사람들을 향해 어떠한 마음을 가지고 계실까요? 당신은 하나님의 마음과 비슷한 마음을 품었던 적이 있나요?

2   신앙생활을 통해 누릴 수 있는 복은 무엇일까요? 나에게 갈급한 복은 무엇입니까? 이를 놓고 하나님께 기도해보십시오.

3   스스로, 서로에게 축복의 인사를 해봅시다. "신앙생활, 정말 잘 시작하셨습니다."

02 끝까지 가봅시다

신앙생활을 시작할 때, 꼭 품어야 하는 마음이 있습니다.

"끝까지 가보자."

이 마음이 왜 필요할까요? 끝까지 가는 도중에, 그리고 끝까지 가야만 만날 수 있는 복이 있기 때문입니다. 중간에 포기하고 서둘러 그만두면 그 복을 경험할 수 없습니다. 사실 이 원리는 무엇을 시작하든 마찬가지입니다.

새해가 되면 건강을 돌보기 위해 운동을 시작하는 사람이 많습니다. 처음 며칠 운동하고 나면 운동하지 않던 사람은 온몸에 근육통이 생깁니다. 걷기도 힘듭니다. 이때 슬며시 유혹이 찾아옵니다.

'아, 힘들다. 그만할까?'

아침에 운동을 하려고 했지만 좀더 잠을 자고 싶어집니다. 저

녁에 운동하려고 했는데 약속이 생깁니다. 하지만 이때를 견디고 이겨내야 합니다. 운동하기를 시작한 만큼 포기하고 싶은 생각이 들 때 견디고 계속하는 것이 귀한 자세입니다. 중간에 포기하면 그동안 견디며 노력했던 것이 수포로 돌아갑니다. 끝까지 해야 좋은 것을 누릴 수 있기 때문입니다. 그래야 몸도 바뀌고 건강도 좋아집니다. 그러므로 무엇을 시작하든 "끝까지 가보자!"는 마음을 품어야 합니다.

─ 끝까지 가보자고 결단하지 않았더라면

제가 교회에 처음 갔을 때였습니다. 예배를 드릴 때 마음이 편치 않았습니다. 모든 것이 생소했기 때문입니다. 교인들이 사용하는 단어나 하는 행동이 죄다 어색했습니다.

"신앙고백 하시겠습니다."
"성시교독 하시겠습니다."
"할렐루야, 아멘."
"형제님, 자매님."

제가 가장 많이 놀란 순서는 설교 후의 기도였습니다. 사람들이 눈을 감고 웅성대며 기도했습니다. 내가 이상한 곳에 온 것은 아닌가 하는 염려마저 들었습니다. 그때 이렇게 생각했습니다.

'아, 뭔가 편하지 않다. 그만 다닐까?'

사람들은 간혹 어떤 곳이 편하지 않으면 그곳이 문제라고 생각합니다. 사실 어떤 모임이든 그들만의 문화가 있습니다. 누구나 새로 들어간 학교, 직장, 모임이 처음에는 편하지 않습니다. 편하지 않은 이유는 그곳이 나빠서가 아닙니다. 아직 익숙하지 않기 때문입니다.

제가 처음 교회에 갔을 때 생소함을 못 이겨 '그만 다닐까?' 생각했지만 '그래도 이왕 교회 다니자고 마음먹었으니 계속 다녀보자'라고 마음을 바꿔먹었습니다.

'이왕 시작한 신앙생활인데, 이렇게 쉽게 포기할 수는 없지.'

이렇게 마음을 다잡고 교회를 다니다 보니 어느 순간부터 교회가 익숙해졌습니다.

청소년 예배를 드리던 어느 날이었습니다. 전도사님의 설교를 들을 때 깨달음이 있었습니다. 삶을 다른 관점으로 보게 되었습니다. 설교 후에 함께 기도하는 시간이 되었습니다. 이전에는 기도시간이 불편했지만 그날엔 저도 간절히 기도했습니다. 기도하고 나니 마음이 평안해졌습니다. 새로운 경험이었습니다.

제가 처음 신앙생활을 시작할 때, 생소함 때문에 신앙생활을 포기했다면 이런 맛은 느끼지 못했을 것입니다. 그때 저를 붙들어준 생각이 '이왕 시작한 것, 계속 가보자!'였습니다. 사실, 별 대단한 결심은 아니지요. 그러나 이 결심이 저를 지켜주었듯이 그대도 지켜줄 것입니다.

더 안타까운 일

어느 날, 제가 거리에서 전도할 때였습니다. 한 사람에게 신앙생활을 해보시라고 말씀드렸습니다. 그때, 그 분으로부터 이런 이야기를 들었습니다.

"저도 교회 1년 다녔습니다. 그런데 교회에서 정말 무례한 사람을 만났습니다. 어떻게 신앙생활을 한다는 사람이 그럴 수 있습니까? 저는 그 후로 교회 안 갑니다."

그 분의 이야기를 다 듣고서 이렇게 말씀드렸습니다.

"어떤 일이었는지는 제가 알 수 없지만, 선생님 말씀을 들어보니 정말 속이 많이 상하셨을 것 같습니다. 저도 하나님을 섬기는 사람으로서 제가 대신 사과드리겠습니다. 그런데 선생님, 한번 이렇게 생각해보시면 좋겠습니다. 그 일이 속상하긴 합니다. 하지만 그 일 때문에 하나님을 제대로 알 수 있는 기회를 놓쳐버린다면 그게 더 안타까운 일이 아닐까요? 하나님께서 선생님에게 주실 복이 있습니다. 다른 것도 아니고 그 무례한 사람 때문에 그걸 놓쳐버린다면, 그게 정말 안타까운 일이 아닐까요?"

물론 누구나 신앙생활을 하다보면 이런저런 장애물을 만날 수 있습니다. 마음에 상처가 되는 일도 경험할 수 있습니다. 사람이란 누구나 부족하기 때문입니다. 비록 교회라 하더라도 그런 일이 있을 수 있습니다. 하지만 그 일이 무엇이든 간에, 그것 때문에 하나님이 주실 복을 놓쳐버리는 건 너무나 안타까운 일입니다.

거듭 부탁드립니다. 신앙생활을 시작하셨다면, 이 마음을 품으십시오.

"이왕 시작했으니, 중간에 무슨 일이 있더라도 끝까지 가보리라."

─── 끝까지 가볼 가치는 있나?

무슨 일이든 끝까지 가볼 만한 가치가 없다면 중간에라도 포기해야 합니다. 그러나 신앙생활은 끝까지 가볼 가치가 충분히 있습니다. 그 가치가 무엇일까요?

첫째, 신앙생활을 하면서 만날 수 있는 하나님의 복이 있습니다.
저는 신앙생활을 시작한 후, 의지하며 부를 이름이 생겼습니다. 하나님입니다. 마음에 염려가 가득 찰 때 하나님을 부릅니다. 두려운 일이 있을 때 하나님을 의지합니다. 목표를 향해 나아갈 때 하나님의 이름을 부르며 힘을 얻습니다. 하루 종일 이런저런 일들로 마음이 답답해지면 다음 날 새벽에 "주여~" 부르며 기도합니다.

어릴 때는 "엄마, 아빠"를 불렀습니다. 엄마, 아빠는 최고의 해결사였습니다. 그러나 커가면서 "엄마, 아빠"로는 해결되지 않는 일이 많아졌습니다. 결국 부를 이름을 잃어버렸습니다. 그런데 신앙생활을 시작하면서 의지하며 부를 이름을 찾았습니다.[14] 저는 신앙생활을 시작한 후 따를 이름이 생겼습니다. 하나님입니다.

"이렇게 하라, 저렇게 하라"는 말이 많은 시대입니다. 누구를, 무엇을 따라야 할지 고민이 되는 시대입니다. 선명한 기준을 가지지 못한 채 방황하기 쉽습니다. 그러나 신자에겐 믿고 따를 수 있는 이름이 있습니다. 하나님입니다. 성경을 통해 하나님을 배우십시오. 방황이 끝나고, 갈 길이 보일 것입니다.

둘째, 끝까지 가야만 만날 수 있는 하나님의 복이 있습니다.

기독교 역사 속에서 탁월한 믿음의 사람들은 죽기를 각오하고 신앙을 지키며 살았습니다. 무엇 때문에 그렇게 할 수 있었을까요? 그들은 하나님이 주실 상을 바라보았기 때문입니다.

하나님께서는 삶의 끝에 가장 완전하고 영원한 상을 주신다고 약속하셨습니다. 믿음의 사람들은 이 상을 기대하였습니다.[15] 이 상은 끝까지 가야만 받습니다. 중간에 포기하면 받을 수 없습니

---

14 누구든지 여호와의 이름을 부르는 자는 구원을 얻으리니(욜 2:32)

15 나는 선한 싸움을 싸우고 나의 달려갈 길을 마치고 믿음을 지켰으니 이제 후로는 나를 위하여 의의 면류관이 예비되었으므로 주 곧 의로우신 재판장이 그 날에 내게 주실 것이며 내게만 아니라 주의 나타나심을 사모하는 모든 자에게도니라(딤후 4:7-8)

이러므로 우리에게 구름 같이 둘러싼 허다한 증인들이 있으니 모든 무거운 것과 얽매이기 쉬운 죄를 벗어 버리고 인내로써 우리 앞에 당한 경주를 하며 믿음의 주요 또 온전하게 하시는 이인 예수를 바라보자 그는 그 앞에 있는 기쁨을 위하여 십자가를 참으사 부끄러움을 개의치 아니하시더니 하나님 보좌 우편에 앉으셨느니라(히 12:1-2)

다. 반드시 끝까지 가십시오. 하나님이 예비하신 가장 큰 복이 있습니다.

─── 이왕 시작한 신앙생활이니 끝까지!

신앙생활을 시작하게 된 이유는 사람마다 다릅니다. 누군가는 삶에서 어려운 문제를 만나서, 누군가는 인생의 진리를 찾고 싶어서, 누군가는 어릴 때부터 교회를 다녔기에 신앙생활을 합니다. 이유는 제각각이지만, 신앙생활을 시작했다면 어떠한 이유가 있더라도 중간에 포기하지 말고 끝까지 최선을 다해보십시오.

이 세상은 아직 완전한 천국이 아닙니다. 그렇기 때문에 신앙생활을 하면서 겪는 고난과 괴로움이 있고 유혹도 있습니다. 그러나 동시에 하나님의 은혜도 있습니다. 삶의 모든 일 가운데 하나님께서 함께하십니다. 하나님은 이런저런 일들을 합력(合力:힘을 합)하여 선(善:좋은 것)으로 인도하십니다.[16] 우리에게 결국 유익이 되게 하십니다.

저도 신앙생활을 시작한 후 처음에는 외줄타기 하듯 아슬아슬하게 신앙생활을 이어갔습니다. 이런저런 이유로 중간에 신앙생활을 그만둘까 생각한 적도 있습니다. 어떤 과정을 거쳤든, 제가

───── 16 우리가 알거니와 하나님을 사랑하는 자 곧 그의 뜻대로 부르심을 입은 자들에게는 모든 것이 합력하여 선을 이루느니라(롬 8:28

지금까지 신앙생활을 해오고 있다는 것은 참 다행입니다.

제가 몇 가지 사소한 이유 때문에 신앙을 포기했더라면 지금 어떻게 되었을까요? 좋으신 하나님을 경험하지 못했을 것입니다. 생각만 해도 아찔합니다.

쉽게 결정하셨든 어렵사리 결단하셨든, 이왕 시작하신 신앙생활이니 끝까지 최선을 다해보시기 바랍니다. 묵묵히 내딛는 당신의 신앙 발걸음을 응원합니다.

정리와 나눔

1   시작한 일을 끝까지 행하여 유익을 누린 경험이 있나요? 혹은 중간에 포기하여 아쉬웠던 경험이 있나요?

2   신앙생활을 중간에 포기해서는 안 되는 이유가 무엇일까요? 신앙생활의 복 중에 놓치면 가장 억울할 복은 무엇일까요?

3   끝까지 함께 가기를 서로 결단하고 지지하고 응원하는 신앙 여정의 동반자가 되기를 다짐하십시오. 신앙 인생의 여정에서 만나길 바라는 하나님의 복을 하나님께 기도로 구하시기 바랍니다.

03 ◉◉ 정말 잘 해봅시다

 영어를 못하던 한 학생의 이야기입니다. 이 학생이 어느 날부터 영어를 가까이하기 시작했습니다. 문법책을 반복해서 읽었습니다. 예문을 소리 내어 외었습니다. 영어로 된 책을 쉬운 것부터 차례대로 읽었습니다. 외국인을 만나면 먼저 말을 걸었습니다. 얼마 후, 이 학생은 달라졌습니다. 이전에는 제대로 된 문장을 만들 줄 몰랐던 그가 이제는 외국인과 일상적인 대화를 나누게 되었습니다. 무엇이 이 학생을 바뀌게 했을까요? 그가 밝힌 비결은 생각보다 단순했습니다. "영어를 정말 잘하고 싶었어요."

 그가 그런 소망을 품게 된 계기가 있었습니다. 교회 사람들과 외국으로 단기선교를 간 일이었습니다. 모처럼 간 단기선교라 하고 싶은 일이 많았습니다. 그러나 언어의 장벽 때문에 할 수 있는 일은 적었습니다. 답답했습니다. 한국으로 돌아오는 길에 그의 내면에 강렬한 갈망이 생겼습니다.

"외국에서 전도하기 위해 영어를 잘하고 싶다."

이 갈망이 그를 변화시켰습니다. 그 전까지는 영어 실력이 형편없었습니다. 그러나 이 갈망을 따라 산 결과 영어를 꽤 자유롭게 사용하게 되었습니다. 그는 이제 영어를 제법 잘하는 사람이 되었습니다. 저는 이 이야기를 들으면서, 한 사람이 무언가를 시작할 때 품어야 하는 마음이 무엇인지 알게 되었습니다. 그것은 '정말 잘하고 싶다'는 마음입니다.

신앙생활도 마찬가지입니다. 잘하고 싶어 해야 성장합니다. 신앙생활을 통해 유익을 누리게 되는 사람은 신앙생활을 정말 잘 해보고 싶은 사람입니다. 하나님께서는 정말 잘 해보려는 마음을 가진 사람에게 더 큰 은혜를 베풀어 주십니다.

정말 잘 해보고 싶은 사람이라면

우리는 '신앙생활을 정말 잘하고 싶다'는 갈망을 품어야 합니다. 그 갈망이 삶을 변화시키지 못하는 한줄기 바람 정도여서는 안 됩니다. 나의 삶이 변화될 수밖에 없는 강렬한 갈망이어야 합니다.[17] 간혹 사람들은 '정말 잘 해보고 싶지만'이라고 단서를 달면

---

[17] 행함이 없는 믿음은 그 자체가 죽은 것이라(약 2:17)

서, 잘 할 수 없는 이유를 잔뜩 이야기합니다. 정말 잘 해보고 싶은 사람이라면 그럴 수 없습니다. 무슨 수를 써서라도 잘 해보려 애씁니다.

신앙생활을 잘 해보겠다는 마음을 품은 사람에게는 다음과 같은 변화가 일어납니다.

첫 번째, 신앙생활을 삶의 우선순위에 둡니다.[18]
무언가를 하고 싶은 마음을 품어도 그것에만 온전히 매진하긴 힘듭니다. 삶에는 여러 가지 일들이 다가옵니다. 주변의 다양한 요구가 있습니다. 내면의 다양한 갈망도 있습니다. 이로부터 자유로운 사람은 없습니다.

하지만 한 가지 뚜렷한 변화가 나타납니다. 우선순위의 변화입니다. 삶에 다가오는 요구가 아무리 다양해도 신앙생활을 우선순위에 둡니다. 얼마의 시간 여유가 생기면 신앙생활을 위해 그 시간을 활용합니다. 그러다 보니 점점 신앙생활에 투자하는 시간이 늘어납니다. 이를 통해 신앙생활의 유익을 맛보게 됩니다.

---

[18] 너희는 먼저 그의 나라와 그의 의를 구하라 그리하면 이 모든 것을 너희에게 더하시리라(마 6:33)

두 번째, 장애물을 극복합니다.[19]

살면서 어려움이 없는 사람이 어디 있을까요? 신앙생활을 하면서도 마찬가지입니다. 신앙이 없는 사람들 사이에서 홀로 신앙생활을 시작하면 외로움을 느낄 수 있습니다. 믿지 않는 주변 사람들은 아직 신앙생활의 가치를 알지 못하기 때문입니다. 쓸데없는 일에 시간을 낭비한다는 비난을 들을 수 있습니다. 심하면 신앙생활에 방해를 받을 수도 있습니다. 정말 잘 해봐야겠다는 마음이 없으면 포기하고 싶어질 것입니다.

그러나 신앙생활을 정말 잘 해보고 싶은 사람들은 해결책을 찾습니다. 그들에게 장애물은 신앙생활을 포기할 이유가 아닙니다. 해결해야 할 문제일 뿐입니다. 우리는 그것을 기도제목이라고 말합니다.

신기하게 신앙생활을 시작하면 이전보다 유혹이 많아지기도 합니다. 신앙생활을 제대로 해보려고 할수록 왜 그렇게 휴일에 해야 할 일들이 생각나는지요. 시간만 나면 왜 그렇게 하고 싶은 일들이 갑자기 늘어나는지요. 그러나 신앙생활을 정말 잘 해보고 싶은 사람이라면 이 모든 유혹을 뒤로하고 신앙생활에 마음을 두

---

[19] 너는 장차 받을 고난을 두려워하지 말라 볼지어다 마귀가 장차 너희 가운데에서 몇 사람을 옥에 던져 시험을 받게 하리니 너희가 십 일 동안 환난을 받으리라 네가 죽도록 충성하라 그리하면 내가 생명의 관을 네게 주리라(계 2:10)

고 시간을 투자할 것입니다.[20] 정말 잘 해보고 싶기 때문입니다.

그러므로 신앙생활을 잘 해보고 싶은 마음부터 품으셨으면 좋겠습니다.

잘 해보고 싶은 분에게 드리는 세 가지 권면

신앙생활을 잘 해보겠다는 마음을 먹어도 살아가면서 마음이 흔들릴 때가 있습니다. 이를 위해 세 가지 권면을 드립니다.

첫 번째, 다시 결단하기입니다.

사람은 결단한 것을 쉽게 잊습니다. 그래서 언제라도 다시 결단하는 것이 필요합니다. 적어도 매주일 예배 때마다 새롭게 헌신하기로 다짐하십시오.

저는 목회를 하면서 여러 가지 신앙적 결단을 했습니다. 그러나 시간이 흐르면서 결심이 희미해지곤 했습니다. 그래서 저는 제 신앙의 결단들을 종이에 써서 잘 보이는 곳에 붙여 놓았습니다. 마음이 나태해지거나 흔들리려 할 때, 마음에 품었던 결단의 문구들을 다시 보았습니다. 그때마다 마음이 새로워졌습니다. 내면의 불이 다시 타올랐습니다.

---

[20] 그곳에 이르러 그들에게 이르시되 유혹에 빠지지 않게 기도하라 하시고(눅 22:40)

"신앙생활, 한번 잘 해보자."

이 문구를 핸드폰 배경화면에 적어 놓아보십시오. 성경책 앞면이나 책상 앞에 써 붙여 놓아보십시오. 그걸 볼 때마다 결단을 거듭하면서 신앙의 여정을 걸어가십시오. 그대의 열정을 지켜줄 것입니다.

두 번째, 삶에서 신앙적인 습관을 만들어 가십시오.[21]
시작에 열정이 필요하다면 과정에는 습관이 필요합니다. 열정이 습관으로 이어지지 않으면 쉽게 사라집니다. 신앙적 습관이 신앙을 지켜줍니다. 주일예배라는 습관, 매일 아침마다 기도하는 습관, 매일 정해진 분량의 성경이나 경건서적을 읽는 습관이 그대의 삶을 굳건하게 해줄 것입니다. 자기만의 신앙 습관을 가지십시오. 이를 통해 정말 잘 해보고 싶다는 마음이 바람으로 끝나지 않고 실재가 될 것입니다.

세 번째, 자신이 걸어갈 신앙의 여정을 위해 기도하십시오.[22]
신앙생활은 하나님을 향한 여정입니다. 우리는 교회에서 여행을 떠날 때 이렇게 기도합니다.

---

[21] 육체의 연단은 약간의 유익이 있으나 경건은 범사에 유익하니 금생과 내생에 약속이 있느니라(딤전 4:8)
[22] 쉬지 말고 기도하라(살전 5:17)

"하나님, 오고 가는 길을 돌보아 주옵소서. 모든 일정에 함께 해 주옵소서."

신앙의 여정도 마찬가지입니다. 이 여정은 거리 개념으로 보면 안 되고 시간 개념으로 봐야 합니다. 오늘부터 시작하여 이 땅에서 사는 마지막 날까지, 날마다 하루하루를 신앙의 여정으로 보십시오. 신앙을 가지고 살아가는 하루를 위해 기도하십시오.

"내 인생이 하나님이 돌보시는 여정이 되기를 원합니다. 하나님의 품에 완전히 이를 때까지, 하루의 여정을 돌보아 주옵소서."

'신앙생활 정말 잘 해보고 싶다'는 바람이 지속되도록 기도하십시오. 하나님께서 그대를 인도하실 것입니다. 하나님께서 그대와 함께하실 것입니다.

● 정리와 나눔

1. 신앙생활을 정말 잘 해보고 싶은 마음이 들었던 일이 있었나요? 그 마음은 그 일을 할 때 어떤 도움을 주었나요? 나의 신앙생활에 열정은 어느 정도인가요?

2. 삶의 우선순위에 무엇이 있나요? 신앙생활이 나의 삶에 얼마만큼 중요합니까?

3   신앙생활을 위한 나만의 삶의 습관이 있나요? 신앙생활을 위해 앞으로 어떤 습관을 세우고 싶나요?

4   하나님을 향한 열정이 일어나고, 열정의 불이 계속해서 타오르기를 위해 기도합시다.

TO YOU WHO BEGIN FAITH

04 그런데, 신앙생활이란 무엇일까요?

앞에서 신앙생활을 시작하는, 혹은 신앙생활을 하고 있는 그대에게 세 가지 격려와 권면의 메시지를 드렸습니다. 그렇다면, 신앙생활은 구체적으로 무엇을 하는 것일까요?

누군가는 신앙생활이 주일에 교회 가서 예배드리는 것이라고 생각합니다. 누군가는 삶의 습관을 바꾸는 것이라고 생각합니다. 누군가는 밖에 나가 전도하는 것이라고 말합니다. 이런 일들은 모두 신앙생활의 단면들입니다.

그렇다면 신앙생활의 본질은 무엇일까요? 신앙생활의 본질이란 다음 두 가지에 몰두하는 생활입니다.

첫째, 신앙의 대상이신 하나님을 '알아가는 생활'입니다.[23]

---

23 우리가 여호와를 알자 힘써 여호와를 알자(호 6:3) 영생은 곧 유일하신 참 하나님과 그가 보내신 자 예수 그리스도를 아는 것이니이다(요 17:3)

둘째, 알게 된 하나님을 '따르는 생활'입니다.[24]

그대가 신앙생활을 시작하셨다면, 먼저 신앙의 대상이신 하나님을 알아가야 합니다. 그 다음에는 알게 된 하나님을 잘 따라야 합니다.[25] 신앙생활이라는 이름으로 나타나는 삶의 모습은 다양할 수 있지만, 그 중 이 두 가지는 모든 것을 관통하는 가장 중요한 뼈대입니다.

"내가 믿고 따르는 하나님은 이런 분이다."

"나는 그 하나님을 이렇게 따른다."

신앙생활의 터전, 교회의 존재 목적

신앙생활의 일차 터전은 교회입니다. 물론 가정이나 직장에서도 신앙생활은 이루어져야 합니다. 그러나 가장 우선시 되는 곳은 교회입니다. 교회는 신앙생활을 하는 사람들이 모인 공동체이기

---

[24] 그러므로 이제는 여호와를 경외하며 온전함과 진실함으로 그를 섬기라 너희의 조상들이 강 저쪽과 애굽에서 섬기던 신들을 치워 버리고 여호와만 섬기라(수 24:14) 예수께서 그 곳을 떠나 지나가시다가 마태라 하는 사람이 세관에 앉아 있는 것을 보시고 이르시되 나를 따르라 하시니 일어나 따르니라(마 9:9)

[25] 그런즉 너는 알라 오직 네 하나님 여호와는 하나님이시요 신실하신 하나님이시라 그를 사랑하고 그의 계명을 지키는 자에게는 천 대까지 그의 언약을 이행하시며 인애를 베푸시되 그를 미워하는 자에게는 당장에 보응하여 멸하시나니 여호와는 자기를 미워하는 자에게 지체하지 아니하시고 당장에 그에게 보응하시느니라 그런즉 너는 오늘 내가 네게 명하는 명령과 규례와 법도를 지켜 행할지니라(신 7:9–11)

때문입니다. 그렇다면, 교회는 본질적으로 무엇을 추구하는 공동체일까요? 이를 알면 신앙생활이 무엇을 추구하는 삶인지 더 선명하게 알 수 있습니다.

첫 번째, 신앙의 대상이신 하나님을 '알아가는' 공동체입니다.
교회가 세상에 필요하고 반드시 존재해야만 하는 이유가 무엇일까요? 세상에 교회가 필요한 이유는 교회를 통해 하나님을 알 수 있기 때문입니다. 하나님께서 교회를 통해 세상에 자신을 알리시는 것입니다. 교회는 성경을 기반으로 세상에 하나님을 알립니다.[26]

그런데 그대는 교회에서 무엇을 기대하시나요? 세상에서 경험했던 재미와 즐거움을 얻기를 기대하십니까? 물론 교회생활은 재미있고 즐겁습니다. 그러나 그것은 교회가 그대에게 본질적으로 주려는 것은 아닙니다. 교회는 세상이 결코 줄 수 없는 것을 줍니다. 바로 하나님입니다. 그래서 교회는 하나님에 관한 지식을 전해줍니다. 그러므로 교회에서 하나님을 알아가기를 기대하십시오. 신앙생활은 교회에서 하나님을 알아가는 일입니다.

교회를 통해 하나님을 알아가는 일이 왜 중요할까요?

첫째, 신앙의 대상을 바로 알아야 하나님을 바로 따를 수 있기

---

[26] 그들이 날마다 성전에 있든지 집에 있든지 예수는 그리스도라고 가르치기와 전도하기를 그치지 아니하니라(행 5:42)

때문입니다. 하나님을 바로 알지 못하면 자기 욕망으로 만든 신을 따라 살게 됩니다. 우리가 신앙생활을 하는 목적은 하나님을 바로 알고 하나님께 자신을 조율하는 것, 즉 하나님의 뜻을 따르는 것입니다. 하나님을 바로 알 때 하나님과 어긋났던 삶의 모습을 발견하고 하나님께 맞추어 살 수 있습니다. 그러므로 교회에서 하나님을 배우십시오. 그것이 교회가 존재하는 이유이고, 우리가 교회에서 추구할 본질입니다.

둘째, '신앙'은 혼자서 쓸 수 없는 단어이기 때문입니다. 신앙이라는 단어 자체가 대상을 필요로 합니다. 그래서 신앙의 대상을 아는 일이 우선 중요합니다.

"나는 믿음이 있습니다!"

이렇게 막연하게 말할 수 없습니다. 믿는 대상을 구체적으로 말해야 합니다.

"나는 하나님을 믿습니다. 나는 예수님께서 다시 오실 것을 믿습니다!"

우리는 간혹 누군가로부터 이런 말을 듣기도 합니다.

"나는 신앙생활을 시작했습니다."

일반적으로 통용되는 말이긴 하지만, 자세히 따지고 보면 완전한 말은 아닙니다. 구체적인 목적어, 대상이 빠져 있습니다.

"나는 하나님을 신앙하는 생활을 시작했습니다."

이래야 맞는 말입니다.

교회에서도 막연히 "믿어야 구원받습니다"라는 구호가 일반적으로 통용되지만, 뭔가 허전합니다. 무엇을 믿어야 하는지가 빠져 있기 때문입니다.

"하나님의 살아계심을 믿어야 합니다. 하나님께서 이 땅에 보내신 예수님이 하나님의 아들이심을 믿고 따라야 구원받습니다."

이런 식의 문구라야 맞습니다. 그래서 믿음 이전에 필요한 것이 믿음의 대상을 바로 알고 이해하는 것입니다. 믿음의 대상을 알지 못하는데 어찌 신앙생활이라고 할 수 있을까요? 하나님을 알아 가십시오. 거기서부터 신앙생활이 시작됩니다. 이와 같은 이유로 초대교회의 지도자인 바울은 교회를 위해 하나님께 기도할 때, 우선적으로 교회가 하나님을 알게 해달라고 간구했습니다.[27]

두 번째, 신앙의 대상이신 하나님을 '따르는' 공동체입니다.

하나님을 배우는 이유는 배운 대로 따르기 위함입니다. 실천, 곧 행함을 위함입니다. 배우기만 하고 배운 대로 살지 못한다면 배움은 무의미합니다. 배움은 지적 욕구를 채우기 위함이 아니며 타인을 판단하기 위함도 아닙니다. 오직 하나님의 사람으로서 살

---

[27] 이로써 우리도 듣던 날부터 너희를 위하여 기도하기를 그치지 아니하고 구하노니 너희로 하여금 모든 신령한 지혜와 총명에 하나님의 뜻을 아는 것으로 채우게 하시고(골 1:9)

기 위해 배웁니다.[28]

성경을 보면 예수님이 교회의 머리이며 교회는 예수님의 몸이라고 합니다.[29] 그러면 몸은 무엇을 해야 할까요? 우선 머리의 뜻을 잘 알아야 합니다. 머리의 목표와 계획을 알아야 할 것입니다. 알게 된 다음에는 머리의 명령대로 움직여야 합니다. 교회도 마찬가지입니다. 먼저 머리이신 예수님의 뜻을 알아야 하고, 그런 다음 예수님의 뜻대로 움직여야 합니다. 교회의 존재 목적은 머리이신 예수님을 따르는 것입니다.

그래서 신앙생활은 본질적으로 하나님을 따르는 일입니다. 바울은 교회가 하나님을 따르게 해달라는 기도를 드렸습니다.[30] 교회의 실천과 행함을 위한 기도였습니다. 바울은 하나님을 아는 것과 더불어 따르는 것이 신앙생활의 본질임을 알았습니다.

── 앎과 행동을 이어주는 통로

우리는 무슨 일에든지 먼저 지식(앎)이 필요합니다. 그런 다음에는 알게 된 대로 행동해야 합니다. 그렇게 앎과 행동이 이어지기

---

28 이는 하나님의 사람으로 온전하게 하며 모든 선한 일을 행할 능력을 갖추게 하려 함이라(딤후 3:17)
29 그는 머리니 곧 그리스도라(엡 4:15) 그는 몸인 교회의 머리시라(골 1:18)
30 주께 합당하게 행하여 범사에 기쁘시게 하고 모든 선한 일에 열매를 맺게 하시며 하나님을 아는 것에 자라게 하시고(골 1:10)

위해서는 무엇이 필요할까요? 다름아니라 신앙(믿음)입니다.

신앙은 앎과 행함을 이어주는 연결통로입니다. 신앙의 앞에는 바르게 아는 일이 있어야 하며 신앙의 뒤에는 바로 따르는 일이 있어야 합니다. 이것이 신앙생활입니다.

앎이 씨앗이라면 삶은 열매입니다. 따라서 바른 앎은 바른 삶으로 이어지게 돼 있습니다. 이것이 신앙생활의 원리입니다.

하나님에 대한 앎 ➡ 신앙(믿음) ➡ 하나님을 따름

성경에서 세상이 어둠에 쌓여 있다고 말하는 이유는 두 가지가 부족하기 때문입니다. 하나님을 바로 아는 일과 하나님을 바로 따르는 일이 부족한 것입니다.

기독교인이 하나님보다 무속신앙 이야기를 더 잘 알고 있다면 이상하지 않을까요? 세상의 가치관을 따라 산다면 이상하지 않을까요? 신앙인이 하나님과 그가 지으신 사람들을 소중히 여기지 않는다면 이상하지 않을까요? 경건하지 않고 나쁜 짓을 하며 산다면 이상하지 않을까요?

물론 사람이 처음부터 완전하게 알고 완전하게 따라야 한다는 말은 아닙니다. 그럴 수도 없습니다. 사람이 무언가를 알아가는 데는 시간이 필요합니다. 아는 대로 사는 일에 실패할 때도 있습니다. 그렇기 때문에 평생 '자라가기'(성장)를 추구해야 합니다.

신앙생활은 영적인 성장을 지향하며 살아가는 것입니다.

신앙의 터전인 교회는 그대가 하나님을 알고 영적으로 성장하는 것, 바로 이 두 가지를 위해 존재합니다. 이것이 신앙생활의 본질이기 때문입니다. 각자의 삶의 현장에서도 물론 마찬가지입니다. 하나님을 알고, 알게 된 대로 살아가는 삶, 평생 마음을 다해 정성껏 이 일을 하시면 좋겠습니다. 그 여정에 하나님께서 반드시 함께하실 것입니다. 바울의 기도(골 1:9,10)와 같이, 하나님을 알아가는 일과 따르는 일을 위해 서로 기도합시다.

정리와 나눔

1 그동안 신앙생활은 무엇이라고 생각하셨나요?

2 신앙의 대상이신 하나님은 어떠한 분이라고 생각하시나요?

3 하나님을 따르는 것과 섬기는 것은 어떻게 하는 일이라고 생각하나요?

4 하나님을 향한 열정이 일어나고, 열정의 불이 계속해서 타오르기를 위해 기도합시다.

2

그대의 신앙생활은
하나님을 '알아가기'입니다

05 하나님을 어떻게 알아갈 수 있나요?

신앙생활을 시작하셨다면, 이제 다음 단계로 나아가야 합니다. 하나님을 알아가는 일입니다. 하나님을 알아갈수록 하나님과 친밀해질 수 있기 때문입니다.

한 남녀가 결혼했습니다. 행복을 기대했습니다. 그러나 결혼생활은 신혼여행부터 삐걱거렸습니다. 의견 차이가 계속되었습니다. 상대를 배려하지 않고 각자 하고 싶은 말만 함부로 했습니다. 감정이 상했습니다. 시간이 흐를수록 상황은 심각해졌습니다. 그들을 아끼는 주변 사람들이 그들에게 부부 상담을 권했습니다. 부부는 상담전문가의 도움을 받았습니다. 그들은 왜 부딪쳐야 했을까요?

상담을 받은 부부는 그동안 서로를 너무 몰랐음을 깨달았습니다. 상대의 생각과 감정을 알려고 하지 않았습니다. 자기 방식과 생각과 감정대로 상대방을 움직이려 했던 것이 문제의 근원이었습니다. 그들은 상담을 받은 후에 상대의 관점에서 생각하기 시작했습니다. 이후 그들의 관계는 나아지기 시작했고 친밀한 관계로 발전하게 되었습니다.

결혼하고도 배우자를 더 알려고 하지 않으면 친밀해지지 않습니다. 신앙생활도 마찬가지입니다. 하나님을 알아야 하나님과 친밀해질 수 있습니다. 자기 방식과 감정대로 신앙생활을 하면 하나님과 깊은 관계를 맺지 못합니다. 모든 관계의 기본은 상대를 바로 아는 일입니다.

그러므로 신앙생활을 하는 동안 자주 질문하며 답을 찾아가십시오. '하나님은 어떤 분일까? 하나님은 나를 향해, 내가 사는 세상을 향해 어떠한 목적을 가지고 계실까? 하나님은 무엇을 기뻐하시고 슬퍼하실까?'

하나님을 알아가는 관계의 시작과 과정

그러면 하나님은 어떻게 알아갈 수 있을까요? 그대는 어떤 사람을 알려고 할 때 어떻게 하시나요? 일반적으로 두 가지를 살피지 않습니까? 그 사람의 말과 행동입니다.

저는 아내를 처음 만났을 때부터 아내가 마음에 들었습니다. 저 자신을 아내에게 어필하고 싶어 말과 행동으로 보여주는 두 가지 방법을 썼습니다. 첫째, 같이 식사하면서 제가 어떤 사람인지 말했습니다. 둘째, 식사 후 산책하면서 세심하게 그녀를 배려하는 행동을 했습니다. 제가 배려심이 많은 남자인 것을 행동으로 보이려 한 것입니다.

하나님도 마찬가지이십니다. 하나님은 우리에게 '말씀'과 '행동'을 통해 스스로를 알리십니다. "나는 누구이다. 나의 뜻은 이것이다. 나는 네가 이런 삶을 살기 원한다." 그렇게 말씀하시고 말씀대로 행동하셨습니다. 구원하시고 심판하셨습니다. 십자가에 달리시고 부활하셨습니다. 성경에는 이와 같은 하나님의 말씀과 행동이 기록되어 있습니다.[31] 우리는 성경을 기반으로 지식-경험-관계의 단계를 거쳐 하나님을 알아갈 수 있습니다.

제가 한 작가의 책을 읽고 그에게 관심이 생겼습니다. 인터넷 검색창에 그의 이름을 입력해 그에 대해 검색했습니다. 그가 했던 말과 행동이 소개돼 있어서 그가 어떻게 살아왔는지 알게 되었습니다. 이것은 그를 알아가는 첫 번째 단계, 지식적으로 알게 된 것이었습니다.

그 후 저는 그 작가의 이메일을 알아내 만남을 요청했습니다. 시내의 한 카페에서 그를 만날 수 있었습니다. 커피를 마시며 그의 이야기를 직접 듣고 그의 행동을 볼 수 있었습니다. 그를 경험

---

31 옛적에 선지자들을 통하여 여러 부분과 여러 모양으로 우리 조상들에게 말씀하신 하나님이 이 모든 날 마지막에는 아들을 통하여 우리에게 말씀하셨으니(히 1:1-2)

적으로 알게 된 것입니다. 이는 그를 알아가는 두 번째 단계였습니다.

한번은 그와 어떤 프로젝트를 함께 하게 되었습니다. 그의 의견을 듣고 저의 의견을 제시했습니다. 서로 의견을 조율하며 일을 진행했습니다. 저는 그와 같이 일을 하면서 그를 관계적으로 알게 되었습니다. 이것이 그를 아는 세 번째 단계였습니다.

하나님을 알아가는 것도 이런 과정과 같습니다. 우리가 하나님을 알아갈 때 지식으로, 경험적으로 알아갈 수 있습니다. 그런 다음 하나님과 교제하면서 관계적으로 알아갈 수 있습니다. 하나님을 알아가는 세 단계를 좀더 구체적으로 살펴보겠습니다.

첫 번째, 성경을 통해 지식으로 알게 됩니다.

하나님은 성경을 통해 우리에게 자신을 계시하셨습니다. '계시'란 감추어진 것을 드러내셨다는 말입니다.

그대 앞에 누군가가 있다고 상상해 보십시오. 그는 아무 말 없이 가만히 앉아 있기만 합니다. 그대는 어떤 기분일까요? '정말 모를 사람이다'라며 상대를 의아하게 바라보지 않을까요? 계속 그 상태라면 아마 자리를 박차고 일어날 것입니다.

만일 하나님께서 우리에게 자신을 알리실 마음이 없으셨다면 우리는 하나님을 알 수 없었을 것입니다. 사람이 할 수 있는 최대한의 방법은 추측뿐입니다. '하나님은 이럴 것이다, 저럴 것이다'

라는 상상 말고는 방법이 없습니다. 그런데 감사하게도 하나님께서 성경을 통해 우리에게 자신을 알리셨습니다. 역사 속에 남기신 하나님의 흔적이 하나님의 말씀과 행동이 기록되어 있는 성경입니다.

사실 사람은 하나님을 '전부' 알 수는 없습니다. 하나님은 광대하시고, 사람의 인지능력은 한계가 있기 때문입니다.[32] "나는 하나님을 완전히 압니다"라고 말하는 사람이 있다면 오히려 의심하십시오. 다만 하나님께서는 성경을 통해서 우리가 하나님을 따르기에 충분할 만큼 자신을 알리셨습니다. 우리가 하나님을 알아가는 일에 평생을 바쳐도 될 만큼 넉넉한 내용이 성경에 들어 있습니다. 그러므로 성경을 읽으십시오. 성경을 통해 하나님이 남겨놓으신 말씀과 행동을 알아 가십시오.[33]

하나님은 특히 한 민족에게 자신을 좀더 드러내셨습니다. 그 민족은 이스라엘입니다. 하나님은 그들을 통해 자신을 알리셨습니다. 하나님은 그들의 역사 속에 함께 하셨습니다. 종종 그 민족의 사람들을 택하셔서 자신의 말과 행동을 기록하게 하셨습니다. 이 문서들을 우리는 구약성경이라고 합니다. 모세5경(창세기~신

---

[32] 여호와는 위대하시니 크게 찬양할 것이라 그의 위대하심을 측량하지 못하리로다(시 145:3)

[33] 아브라함이 이르되 그들에게 모세와 선지자들이 있으니 그들에게 들을지니라(눅 16:29

명기), 역사서(여호수아~에스더), 시가서(욥기~아가), 예언서(이사야~말라기)로 구성된 총 39권입니다.

구약성경이 다 기록된 후, 놀라운 일이 벌어졌습니다. 하나님의 아들, 예수님이 이 땅에 오신 것입니다. 하나님의 아들보다 하나님을 더 선명하게 알려줄 수 있는 사람이 있을까요? 그는 말과 행동으로 하나님을 선명하게 반영했습니다.[34] 자신을 통해 세상에 하나님을 전시했던 것입니다. 예수님으로 인해 우리는 하나님이 어떤 분인지 좀더 분명하게 알게 되었습니다. 이 예수님을 따르던 사람들이 예수님의 말씀과 행동을 기록하였습니다. 이를 신약성경이라고 합니다. 신약성경에는 예수님이 부활하신 후에 성령께서 사도들을 통해 교회에게 주신 메시지들도 담겨 있습니다. 복음서(마태복음~요한복음), 역사서(사도행전), 서신서(로마서~유다서), 예언서(요한계시록)로 구성된 총 27권입니다.

성경은 '계시(啓示)의 책'입니다.[35] 하나님을 드러내 보여주기 때문입니다. 따라서 성경은 우리가 하나님을 알아가고 따르는 일에 기준이 됩니다. 어떤 종교의 수도자들처럼 깊은 산속에 들어가 명상을 하면 하나님을 알 수 있을까요? 사람들끼리 머리를 마

---

[34] 본래 하나님을 본 사람이 없으되 아버지 품속에 있는 독생하신 하나님이 나타내셨느니라(요 1:18)

[35] 성경은 능히 너로 하여금 그리스도 예수 안에 있는 믿음으로 말미암아 구원에 이르는 지혜가 있게 하느니라(딤전 3:15)

주 대고 추측하며 고민하면 알 수 있을까요? 하나님이 어떠한 분인지 알고 싶으시다면 성경을 읽어야 합니다.

성경은 다양한 시대에 걸쳐 기록된 문서들을 모은 것입니다. 가장 가까운 때에 기록한 것이라도 2000여년의 시간 간격이 있습니다. 시대와 문화 차이로 이해하기 어려운 부분이 있을 수 있습니다. 성경을 읽다가 이해가 가지 않는 내용이 있다면 교회의 목회자에게 물어보십시오. 더불어 성경에 대해 사람들이 궁금해 하는 내용을 잘 해설해 놓은 성경 참고서의 도움도 받아보십시오.

성경은 원래 히브리어와 헬라어로 기록되었습니다. 이를 오랜 세월에 걸쳐 각 나라의 말로 번역하여 보급하였고, 선교사들에 의해 한글로도 번역된 것입니다. 한글성경 중에는 오래 전에 번역하여 옛날 말이 섞인 성경도 있고, 비교적 최근에 현대인이 사용하는 쉬운 말로 번역한 성경도 있습니다. 개신교회에서 표준으로 삼아 공동으로 보는 성경은 옛날 말이 조금 섞인 개역개정판 성경전서입니다. 이 외에도 쉬운 말로 번역된 성경(쉬운성경, 우리말성경 등)을 읽어도 됩니다. 그대가 읽기에 좋은 것을 선택하십시오. 중요한 것은, 가능한 날마다 시간을 내셔서 일정한 분량을 정해, 꾸준히 읽는 것입니다.

성경을 읽을 때는 두 가지를 염두에 두십시오. 첫째는 '하나님이 어떤 분이신가?', 둘째는 '하나님께서 우리에게 어떠한 삶을 원하시는가?'입니다. 성경은 이것을 우리에게 알리기 위해 쓴 책이기 때문입니다. 성경은 자연과학이나 정치사회 원리를 우리에게 증명하고 설득하기 위해 쓰인 것이 아닙니다. 성경에 그런 내용이 포함될 수는 있지만, 그것이 성경의 핵심은 아닙니다. 핵심은 하나님입니다. 모든 책은 저자의 의도에 맞게 읽는 것이 좋은 것처럼 성경도 하나님을 알아가려는 의도로 읽으십시오. 그러면 하나님을 알아가게 됩니다.

두 번째, 성령님을 통해 경험으로 알게 됩니다.

우리가 성경을 읽을 때, 하나님이 하시는 일이 있습니다. 과거의 하나님이 오늘 나의 하나님이심을 알게 하십니다. 하나님은 어제나 오늘이나 동일하시기 때문입니다.[36] 하나님은 우리에게 성령님을 보내셔서 이 사실을 깨닫게 하십니다. 성경을 통해 오늘의 하나님을 의식하며 하나님께 반응하게 하십니다.

역사 속의 다양한 저자들의 글이 모여 성경이 되었습니다. 그러나 이 모든 사람들 속에 함께 하시며 인도하신 분이 있습니다. 바로 성령님입니다. 그런 의미에서 성경의 원래 저자는 하나님의 영, 곧 성령님이십니다.[37] 성령님께서 세상에 하나님을 알리시려고 각 사람을 인도하셔서 성경이 기록되었습니다.

---

[36] 예수 그리스도는 어제나 오늘이나 영원토록 동일하시니라(히 13:8)
[37] 모든 성경은 하나님의 감동으로 된 것으로 교훈과 책망과 바르게 함과 의로 교육하기에 유익하니 이는 하나님의 사람으로 온전하게 하며 모든 선한 일을 행할 능력을 갖추게 하려 함이라(딤후 3:16–17)

성령님은 오늘날 성경을 읽는 사람들에게도 임재(臨在)하십니다. 임재는 하나님이 우리와 함께 하신다는 신학용어입니다. 성령님이 함께 하실 때, 성경은 과거의 이야기에 그치지 않습니다. 성경의 하나님이 오늘 우리의 하나님이라는 깨달음과 믿음이 생깁니다.

신약의 한 이야기를 소개합니다. 제자들의 배가 풍랑에 휩싸였을 때였습니다. 예수님은 풍랑을 잠잠케 하시며 제자들에게 두려워하지 말라고 하셨습니다.[38] 이때 우리는 과거에 이런 일이 있었구나 하고 지나칠 수 있습니다. 그런데 성령님이 임재하시면 과거의 일로 끝나지 않습니다. 제자들의 예수님이 오늘 나와 함께 하시는 예수님이심이 믿어집니다.

'나의 인생에도 풍랑 같은 일이 다가올 수 있구나. 그러나 예수님은 풍랑을 잠잠케 하시는 분이시구나. 내가 예수님을 내 삶에 주인으로 모시면, 나도 제자들처럼 예수님을 의지하며 두려움을 이겨낼 수 있겠구나'라는 믿음이 생깁니다. 과거의 사건 속에서 오늘 나와 함께 하시는 예수님이 어떤 분인지 알게 됩니다. 오늘 내가 예수님께 어떻게 반응해야 할지 알게 됩니다. 하나님은 오

---

[38] 바다에 큰 놀이 일어나 배가 물결에 덮이게 되었으되 예수께서는 주무시는지라 그 제자들이 나아와 깨우며 이르되 주여 구원하소서 우리가 죽겠나이다 예수께서 이르시되 어찌하여 무서워하느냐 믿음이 작은 자들아 하시고 곧 일어나사 바람과 바다를 꾸짖으시니 아주 잔잔하게 되거늘 그 사람들이 놀랍게 여겨 이르되 이 이가 어떠한 사람이기에 바람과 바다도 순종하는가 하더라(마 8:24-27)

늘도 성경을 통해 우리가 오늘 하나님께 순종해야 할 일이 무엇인지 알려주십니다.

어느 교회 목사님이 한 집사님에게 시간 날 때마다 예수님이 가르쳐주신 기도, 곧 "하늘에 계신 우리 아버지"로 시작하는 '주기도문'을 외우라고 하였습니다. 집사님은 순종하는 마음으로 시간 날 때마다 주기도문을 외웠습니다. 하루는 버스에서 주기도문을 외우다 특별한 경험을 하게 되었습니다. 주기도문은 그에게 그 전까지는 예수님이 과거에 제자들에게 가르쳐주신 기도문에 불과했습니다. 그런데 이 집사님이 "하늘에 계신 우리 아버지여"라며 기도문을 읽는 순간 이런 깨달음이 생겼습니다.

'아, 예수님이 아버지라고 부르셨던 그 하나님이 바로 오늘 나의 하늘 아버지시구나! 예수님이 이렇게 기도하라고 하셨으니 나도 하나님을 아버지라 부르며 기도할 수 있구나.'

성령님의 임재로 주기도문이 오늘 그의 기도를 이끄는 기도문이 되었던 것입니다.

성령님은 과거의 하나님을 오늘의 하나님으로 마주하게 하십니다. 이를 통해 우리는 경험적으로 하나님을 알게 됩니다. 그동안 성경을 문학작품이나 과거의 역사책처럼 읽으셨다면, 이제 성경의 하나님이 오늘 나의 하나님이심을 기억하며 읽어보십시오. 성령님의 임재를 통해 이를 더 선명히 알게 해달라고 기도하며 읽어보십시오.

셋째, 기도와 순종을 통해 관계로 알게 됩니다.

지식으로, 그리고 경험으로 하나님을 알게 되셨나요? 이제는 기도와 순종을 통해 하나님과 관계를 맺으십시오. 관계는 상호소통입니다. 하나님께서 지식적이고 경험적으로 다가오셨다면, 이제는 그대가 반응할 차례입니다. 하나님의 계시와 그대의 응답이 어우러지도록 하십시오. 이것이 하나님과의 교제입니다. 하나님을 관계적으로 만나는 것입니다.

성경을 읽을 때, 반응(순종과 행동)하기 위해 읽으십시오. 물론 성경의 정확한 뜻을 알아내기 위해 학문적인 해석이 필요한 지점이 있습니다. 그러나 성경의 대부분은 단순하게 이해하고 반응할 수 있는 말씀들입니다.

"태초에 하나님이 천지를 창조하셨느니라." 창세기 1장 1절 말씀입니다. 이를 읽고 '아, 이 세상을 하나님이 만드셨구나. 나도 하나님이 만드셨구나. 감사합니다. 나를 만드신 하나님을 섬기며 하나님의 뜻을 따르며 살겠습니다'라고 하나님께 반응해보십시오. 하나님과의 관계가 시작될 것입니다.

"사랑하는 자들아 우리가 서로 사랑하자. 사랑은 하나님께 속한 것이니 사랑하는 자마다 하나님으로부터 나서 하나님을 알고 사랑하지 아니하는 자는 하나님을 알지 못하나니 이는 하나님은 사랑이심이라." 요한일서 4장 7-8절 말씀입니다. 이를 읽고 '하나님은 우리를 사랑하셨구나. 감사합니다. 저도 사랑하며 살겠습니다'라고 기도하고 주변 사람들을 사랑해보십시오.

"오직 성령의 열매는 사랑과 희락과 화평과 오래참음과 자비와 양선과 충성과 온유와 절제니 이 같은 것을 금지할 법이 없느니라." 갈라디아서 5장 22-23절입니다. 이를 읽고 '이런 성품들이 성령님이 내 삶에 맺어가시는 열매로구나. 정말 이런 성품의 사람이 되었으면 좋겠습니다. 성령님에 제게 역사하여주옵소서'라고 기도해보십시오. 그대의 응답에 대한 하나님의 일하심이 있을 것입니다. 성경은 이렇게 반응하며 읽어가야 합니다.

맛보아 아십시오

시편에 다음과 같은 말씀이 있습니다. "너희는 여호와의 선하심을 맛보아 알지어다. 그에게 피하는 자는 복이 있도다." 시편 34편 8절, 다윗의 고백입니다. 다윗은 하나님이 선하시다는 것을 사람들에게 전해 들었습니다. 성령을 통해 그 하나님이 오늘 나의 하나님이라고 깨달았습니다. 여기서 그치지 않았습니다. 그는 삶에서 하나님을 의지했고 하나님의 선하심을 맛보아 알게 되었습니다. 그대도 하나님을 맛보아 알아 가십시오. 이것이 신앙생활입니다.

정리와 나눔

1. 어떻게 하면 한 사람을 깊이 있게 알아갈 수 있을까요? 하나님을 깊이 있게 알기 위해서는 어떻게 해야 할까요?

2. 성경을 읽어보셨나요? 성경을 읽으며 들었던 생각, 느낌 같은 것을 이야기해 보십시오.

3. 성경을 읽을 때, 오늘 나에게 말씀하시는 하나님의 말씀처럼 생각된 적이 있었나요?

4. 성경에 나타난 하나님의 말씀에 순종해본 적이 있나요? 그때 어떤 생각과 기분이 들었나요?

TO YOU WHO BEGIN FAITH

06 세상을 지으신 하나님, 그대의 아버지

"하나님을 알아가야 합니다"라고 말씀드리니 어떤 분은 제게 "이토록 알아야 할 것이 많은 시대에 하나님까지 알아야 합니까?"라고 질문했습니다. 그래서 이렇게 말씀드렸지요.

"네, 꼭 알아야 합니다. 하나님은 알아야 할 가치가 있는 분이시기 때문입니다. 하나님을 알아야 당신이 누구이며 어디에서 왔으며 어떻게 살아가야 할지 알 수 있습니다."

이제 본격적으로 성경을 통해 그대가 믿고 따라야 할 하나님, 그분에 대해 알아보겠습니다. 하나님은 과연 어떤 분이실까요?

하나님은 전능하사 천지를 창조하신 분이십니다

교회에서는 예배 때 함께 공동체의 신앙을 고백하는 시간을 가집니다. 사도신경을 외우는 시간이 그것입니다. 사도신경은 초대 교회 신자들이 믿고 따랐던 신앙의 고백입니다. 성경에 근거하여 그들이 믿은 하나님이 어떤 분인지 표현한 내용입니다. 이는 오늘 우리가 믿어야 할 하나님에 대한 고백이기도 합니다. 사도신경의 맨 처음에 성부(聖父) 하나님에 대한 신앙고백이 나옵니다.

"전능하사 천지를 창조하신 하나님 아버지를 내가 믿사오며."

이 고백은 두 부분으로 나뉩니다. "천지를 창조하신 하나님", 그리고 "하나님 아버지"입니다. 우리가 믿는 하나님은 창조주이시며 또한 아버지시라는 두 가지로 설명될 수 있습니다.

먼저 '창조하신 (창조주) 하나님'을 살펴보겠습니다. 하나님은 인간을 초월하는 분입니다. 우리와 차원이 다르며 질적으로 차이가 나는 분입니다. 하나님은 창조주시고, 우리는 피조물이기 때문입니다.[39] 성경은 이 하나님을 어떻게 표현할까요?

첫 번째, 하나님은 무엇에도 의존하지 않으십니다.[40]

우리 모두는 무언가, 누군가를 의존하며 살아갑니다. 사람은 항상

---

[39] 그러나 우리에게는 한 하나님 곧 아버지가 계시니 만물이 그에게서 났고 우리도 그를 위하여 있고 또한 한 주 예수 그리스도께서 계시니 만물이 그로 말미암고 우리도 그로 말미암아 있느니라(고전 8:6)

[40] 하나님이 모세에게 이르시되 나는 스스로 있는 자이니라(출 3:14 또 무엇이 부족한 것처럼 사람의 손으로 섬김을 받으시는 것이 아니니 이는 만민에게 생명과 호흡과 만물을 친히 주시는 이심이라(행 17:25)

공기가 필요합니다. 자연으로부터 식량을 공급받아야 합니다. 또한 사회적 존재입니다. 사람들 없이 홀로 살아갈 수 없습니다. 자연과 사람을 의지하며 살아갈 수밖에 없는데, 궁극적으로 자연과 사람을 지으신 하나님을 의지하며 살아가야 하는 것입니다. 하지만 하나님은 무엇에도 의존하지 않으십니다. 성경은 하나님을 '스스로 있는 자'라고 합니다. 독립적인 존재라는 뜻입니다. 그렇기 때문에 모든 피조물이 하나님을 의지할 수 있습니다.

제가 그대에게 "나를 의지하십시오"라고 말했다고 가정해봅시다. 그대는 제가 매일 근심과 염려에 시달리고 타인의 도움으로 살아가고 있다면 저를 의지할 수 있겠습니까? 의지할 만해야 의지합니다. 의지하려는 대상이 독립적으로 바로 서 있어야 합니다. 그런데 사람들 중에 온전히 독립적인 사람이 있을까요? 다 연약하고 부족합니다. 하나님만이 우리가 참으로 의지할 수 있는 분이십니다.

두 번째, 하나님은 영원히 변하지 않으십니다.[41]
사람은 유한합니다. 영원히 살지 못합니다. 그러나 제국의 왕들 중에 영원한 삶을 꿈꾸던 사람들이 있었습니다. 그들 중 누구도 그 꿈을 이루지 못했습니다. 사람은 영원하지 않기에 늘 변화합

---

41 산이 생기기 전, 땅과 세계도 주께서 조성하시기 전 곧 영원부터 영원까지 주는 하나님이시니이다(시 90:2)

니다. 오죽하면 작심삼일이라는 말이 있습니까? 오늘 한 결단이 내일이면 변합니다. 목숨 걸고 했던 약속도 깨어지기 일쑤입니다. 유명한 영화 대사가 있습니다. "어떻게 사랑이 변하니?" 사람의 사랑은 변합니다. 건강도 변합니다. 겉모습도 변합니다. 그러하기에 사람은 의지할만한 대상이 아닙니다. 당연히 종교적 대상이 될 수도 없습니다.

성경에 나오는 영원이라는 단어는 오직 한 대상에게만 붙습니다. 바로 하나님입니다. 영원한 사람은 없습니다. 영원한 하나님만 계십니다. 하나님이 영원히 존재하시기에 하나님이 하신 약속은 영원하며 변하지 않습니다. 하나님이 하시겠다고 약속하신 행동은 중간에 바뀌지 않습니다. 고고히 흘러가는 강물처럼 한결같습니다. 하나님이 주시겠다고 약속한 상도 변하지 않습니다. 그러하기에 하나님만이 우리가 참으로 의지할 수 있는 분입니다.

세 번째, 하나님은 모든 것을 아시고[42] 모든 일을 행하실 능력이 있습니다.[43] 학문과 교육이 놀랍게 발달했습니다. 사람은 이전보다 더 많은

---

[42] 깊도다 하나님의 지혜와 지식의 풍성함이여, 그의 판단은 헤아리지 못할 것이며 그의 길은 찾지 못할 것이로다(롬 11:33 / 주께서 내가 앉고 일어섬을 아시고 멀리서도 나의 생각을 밝히 아시오며 나의 모든 길과 내가 눕는 것을 살펴 보셨으므로 나의 모든 행위를 익히 아시오니 여호와여 내 혀의 말을 알지 못하시는 것이 하나도 없으시니이다(시 139:2-4)

[43] 대저 하나님의 모든 말씀은 능하지 못하심이 없느니라(눅 1:37)

지식을 소유하고 있습니다. 그러나 모순이 있습니다. 많은 것을 아는 것 같지만 당장 1분 앞의 일은 알지 못합니다. 자신의 마음조차 알지 못합니다.

인간의 기술력도 놀라울 정도로 발전했습니다. 하늘을 납니다. 우주에도 갑니다. 사람과 유사한 엄청난 성능의 로봇을 만들어 냅니다. 많은 질병을 정복했습니다. 그러나 인간의 능력은 여전히 한계가 있습니다. 새롭게 등장하는 작은 병균 하나에 온 나라가 무력해집니다. 한 번의 지진으로 사람들이 수백 년간 세운 문명이 하루아침에 무너져 내리기도 합니다. 여름이면 태풍, 겨울이면 폭설에 속수무책으로 당할 때도 많습니다.

우리가 믿고 의지하고 따르는 하나님은 크신 하나님입니다. 하나님의 독립성은 하나님의 존재의 우월함을, 영원성은 하나님이 시간 위에 계심을, 전지와 전능성은 하나님의 탁월한 능력을 보여줍니다. 모든 영역에서 하나님은 우리와 차원이 다른 존재이십니다. 우리와 차원이 다른 분이시기에 하나님은 우리의 예배와 경배와 찬양과 순종, 의존의 대상이십니다. 어떤 피조물보다 영광을 받으시기에 합당하신 분입니다.

하나님은 모든 것을 아시고 모든 일을 행하실 능력이 있습니다. 나보다 나를 더 잘 아십니다. 하나님의 계획 안에서 나를 이끌어 가실 능력이 있으십니다. 그러하기에 우리는 하나님을 의지해야 합니다.

── 하나님은 그대와 우리의 아버지이십니다

하나님이 크신 존재이기만 하다면 우리는 하나님을 너무나 먼 존재라고만 생각할 것입니다. 너무 멋지긴 하지만 나와 상관없는 분처럼 생각할 수 있습니다. 그러나 성경에는 또 다른 하나님의 모습이 나옵니다. '하나님 아버지'입니다.[44]

하나님 아버지는 우리와 관계를 맺으시는 모습을 보여줍니다. 크신 하나님이 아버지처럼 우리와 함께하시는 것입니다. 우리에게 다가오셔서 우리 삶에 참여하십니다. 우리와 관계를 맺으시고 소통할 수 있고 우리를 인도하시는 아버지 같은 분입니다.

그런 한편 하나님은 '영'이십니다.[45] 성경을 보면 사람도 영적 존재로 지음 받았습니다. 하나님께서 사람과 교제하기 위함이었습니다.

더불어 하나님은 '인격적 존재'입니다. 이 말은 하나님이 사람처럼 지성과 감정과 의지를 가진 존재라는 말입니다. 하나님께서 사람을 인격적 존재로 지으신 것도 각 사람과 인격적 관계를 맺기 위해서였습니다.

하나님은 우리와 차원이 다른 분이지만 우리가 만날 수 없는 분은 아닙니다. 하나님은 우리와 교제하시기 위해 우리와 교제할

---

[44] 너희는 다시 무서워하는 종의 영을 받지 아니하고 양자의 영을 받았으므로 우리가 아빠 아버지라고 부르짖느니라(롬 8:15)

[45] 하나님은 영이시니 예배하는 자가 영과 진리로 예배할지니라(요 4:24)

수 있는 접촉점을 두셨습니다.

    성경은 하나님께서 사람과 교제할 때 나타나는 특징을 보여줍니다. 하나님의 특징을 알고서 하나님과 동행하십시오.

첫 번째, 하나님은 거룩하십니다.[46]
거룩은 구별을 의미합니다. 하나님의 거룩하심은 사람과 세상과 구별됩니다. 성경은 세상의 타락을 이야기하는데, 세상에는 영적인 무지, 도덕적인 죄, 그로 인한 악이 존재합니다. 하나님은 이와 구별된 분입니다. 하나님은 도덕적으로 탁월하십니다. 타락한 세상과 다릅니다.

    성경은 하나님을 빛, 깨끗함, 선으로 표현합니다.[47] 이에 반해 세상을 어둠, 더러움, 악으로 표현합니다. 그렇기 때문에 세상 속에서 타락한 사람은 거룩하신 하나님께 가까이 갈 수 없습니다.

    거룩한 하나님과 교제하기 위해서는 사람의 어둠, 더러움, 악의 문제가 해결되어야 합니다. 우리를 아끼시는 하나님은 이를 해결

---

[46] 나는 너희의 하나님이 되려고 너희를 애굽 땅에서 인도하여 낸 여호와라 내가 거룩하니 너희도 거룩할지어다(레 11:45)
[47] 우리가 그에게서 듣고 너희에게 전하는 소식이 이것이니 곧 하나님은 빛이시라 그에게는 어둠이 조금도 없으시다는 것이니라(요일 1:5)

하는 용서의 길을 예비하셨습니다.[48] 우리는 그 용서의 길을 의지하여 하나님께 나아가야 합니다. 더불어 거룩하신 하나님과 동행하기를 원한다면 우리도 세상과 구별된 사람이 되어야 합니다. 하나님이 우리에게 거룩한 삶을 요구하시기 때문입니다.

두 번째, 공의와 정의의 하나님이십니다.[49]
하나님은 공평하십니다. 사람을 불공정하게 대하지 않으십니다. 선을 행하는 자에게 상을 주시고 악을 행하는 자에게 벌을 주십니다. 타락한 세상에서는 의인이 억울하게 벌을 받기도 하고 죄인이 상을 받기도 합니다. 의와 죄가 선명하게 구별되지 않는 경우도 있습니다. 하나님은 의의 기준에 따라 이를 분명히 구별하고 그에 합당한 판정을 내리십니다.[50] 하나님이 가지고 계신 의의 기준은 하나님 자신입니다. 하나님이 선의 근원이시기 때문에 가능한 일입니다. 따라서 하나님의 말씀에 순종하는 것이 의이며 옳은 행동입니다. 반대로 하나님의 말씀에 불순종하는 것은 죄입

---

[48] 그가 빛 가운데 계신 것 같이 우리도 빛 가운데 행하면 우리가 서로 사귐이 있고 그 아들 예수의 피가 우리를 모든 죄에서 깨끗하게 하실 것이요 … 만일 우리가 죄를 자백하면 그는 미쁘시고 의로우사 우리 죄를 사하시며 우리를 모든 불의에서 깨끗하게 하실 것이요(요일 1:7,9)

[49] 그는 반석이시니 그가 하신 일이 완전하고 그의 모든 길이 정의롭고 진실하고 거짓이 없으신 하나님이시니 공의로우시고 바르시도다(신 32:4)

[50] 사랑하는 자여 악한 것을 본받지 말고 선한 것을 본받으나 선을 행하는 자는 하나님께 속하고 악을 행하는 자는 하나님을 뵈옵지 못하였느니라(요삼 1:11)

니다.

하나님께서는 이 말씀을 기준으로 사람을 대하십니다. 행한 선과 악에 따라 대우하십니다. 하나님이 공의와 정의의 하나님이시기 때문입니다. 그러므로 하나님과 교제하길 원하는 사람들은 먼저 하나님 앞에서 자신의 죄를 진심으로 뉘우쳐야 합니다. 죄의 길에서 돌이켜야 합니다. 이것이 회개입니다. 더불어 하나님께 순종하며 살아야 합니다.

이 세상에서는 악인의 형통과 의인의 고난이 있습니다. 정말 답답한 일입니다. 그러나 때가 되면 하나님의 공의가 드러날 것입니다.[51] 그대는 공의의 하나님 앞에서 바른 인생의 흔적을 남기시기 바랍니다.

세 번째, 자비와 사랑의 하나님이십니다.[52]

거룩하신 하나님, 공의의 하나님은 사람을 두렵게 합니다. 타락한 세상에서 하나님 앞에 완전한 사람은 없기 때문입니다. 저도 마찬가지입니다. 하나님을 아버지라 부를 엄두가 나지 않습니다. 그

---

[51] 선한 일을 행한 자는 생명의 부활로, 악한 일을 행한 자는 심판의 부활로 나오리라(요 5:29)

[52] 하나님이 세상을 이처럼 사랑하사 독생자를 주셨으니 이는 그를 믿는 자마다 멸망하지 않고 영생을 얻게 하려 하심이라(요 3:16) 하나님이 우리를 사랑하시는 사랑을 우리가 알고 믿었노니 하나님은 사랑이시라 사랑 안에 거하는 자는 하나님 안에 거하고 하나님도 그의 안에 거하시느니라(요일 4:16)

러나 희망의 소식이 있습니다. 하나님이 사랑과 자비의 하나님이시라는 사실입니다. 공의의 하나님께서는 심판하시지만, 한편으로 사랑의 하나님은 구원하시고 용서하십니다.[53]

하나님은 인간의 죄를 용납하실 수 없습니다. 그래서 성자 예수님이 우리의 죄를 대신 짊어지고 십자가에 달리셔서 성부 하나님의 공의의 심판을 받으셨습니다. 또한 하나님은 우리를 사랑하셔서 예수님의 십자가를 통해 우리가 용서받을 수 있는 길을 여셨습니다.[54] 이것이 하나님의 이중적인 속성입니다. 예수님의 십자가는 하나님의 공의와 사랑이 모두 나타나는 사건입니다.

사랑의 하나님은 우리를 용서하십니다. 하나님의 도움을 구하는 자를 구원하십니다. 우리를 하나님의 자녀로 삼으십니다. 하나님의 영을 우리에게 보내주십니다. 우리를 복된 삶으로 인도하십니다. 하나님의 사랑과 자비를 통해 우리는 "전능하사 천지를 창조하신 하나님"을 공의의 심판자로만 마주하지 않고 "하나님 아버지"로 부를 수 있게 되었습니다.

---

[53] 하나님의 사랑이 우리에게 이렇게 나타난 바 되었으니 하나님이 자기의 독생자를 세상에 보내심은 그로 말미암아 우리를 살리려 하심이라 사랑은 여기 있으니 우리가 하나님을 사랑한 것이 아니요 하나님이 우리를 사랑하사 우리 죄를 속하기 위하여 화목제물로 그 아들을 보내셨음이라(요일 4:9-10)

[54] 친히 나무에 달려 그 몸으로 우리 죄를 담당하셨으니 이는 우리로 죄에 대하여 죽고 의에 대하여 살게 하려 하심이라 그가 채찍에 맞음으로 너희는 나음을 얻었나니(벧전 2:24)

이 하나님이 그대를 사랑하십니다. 그대도 하나님을 사랑하십시오. 하나님은 사랑이십니다. 그대도 사랑의 사람이 되십시오. 사랑의 하나님은 구원하십니다. 그대도 타인을 섬기며 도와주십시오.[55] 사랑의 하나님을 의지하십시오. 비로소 영혼의 안식을 얻을 수 있을 것입니다.

신앙생활이 신비인 이유

하나님의 두 가지 모습을 생각해 보십시오. 신앙생활이 신비인 것을 알 수 있습니다. 그토록 크신 하나님이 이토록 작은 우리에게 다가오셨습니다. 거룩과 공의의 하나님이 죄와 허물 가운데 있는 나 한 사람을 사랑하셨습니다. 사랑받기에 합당하지 못한 사람에게 다가오셔서 세상에서 경험할 수 없는 사랑을 주셨습니다. 그래서 신앙생활은 신비이며 감격입니다.

그렇다면, 이제 우리는 어떻게 살아가야 하겠습니까? 크신 하나님만을 경외하며 의지하며 살아가야 합니다. 거룩과 공의의 하나님을 기억하며, 하나님의 말씀에 순종하며, 사랑과 자비의 하나님을 사랑하며 살아가십시오. 그것이 신앙생활입니다.

---

[55] 사랑하는 자들아 우리가 서로 사랑하자 사랑은 하나님께 속한 것이니 사랑하는 자마다 하나님으로부터 나서 하나님을 알고 사랑하지 아니하는 자는 하나님을 알지 못하나니 이는 하나님은 사랑이심이라(요일 4:7-8)

정리와 나눔

1. 가장 가치 있는 삶은 어떠한 삶이라고 생각하십니까?

2. 하나님은 어떠한 분이라고 생각하셨습니까? 내가 생각하던 하나님과 성경이 말하는 하나님과 어떠한 부분이 같고, 어떠한 부분이 다릅니까?

3. 우리와 차원이 다른 하나님을 향해 어떻게 응답해야 할까요?

4. 우리와 교제하시는 하나님을 향해 어떻게 응답해야 할까요?

07 하나님의 꿈, 하나님 나라

한 사람을 알려면 그 사람의 꿈을 알아야 합니다. 그의 꿈이 앞으로 그가 이루어갈 삶의 모습이기 때문입니다. 하나님도 마찬가지입니다. 하나님을 바로 알려면 하나님의 꿈이 무엇인지 알아야 합니다. 하나님의 꿈을 알아야 우리도 같은 꿈을 꾸며 하나님을 바로 따를 수 있습니다. 그렇다면 하나님의 꿈은 무엇일까요? 우리는 성경을 통해 하나님께서 이루고자 하신 꿈이 무엇인지 알 수 있습니다. 그것은 '하나님 나라'입니다.

하나님은 꿈이 있습니다

하나님 나라는 하나님의 다스림을 받는 세상입니다. 하나님은 모든 세상이 하나님의 다스림을 받길 원하십니다.

구약은 하나님 나라를 이루려는 하나님의 이야기입니다.[56]

신약에서 예수님은 사람들에게 하나님 나라를 전하셨습니다.[57] 교회는 탄생 초기부터 세상에 하나님 나라를 전했습니다.[58] 하나님 나라는 성경의 핵심 주제입니다. 하나님 나라에 대해 좀더 자세히 알아보겠습니다.

첫 번째, 하나님이 왕이신 나라입니다.
우리가 살고 있는 나라는 정치적으로 민주(民主)주의입니다. 국민이 주인인 나라입니다. 민주주의가 정착되기 전 대부분의 나라는 왕이 주인인 왕정(王政)이었습니다. 누가 다스리느냐의 차이는 있지만, 사람이 다스린다는 면에서는 두 체제가 동일합니다.

사람의 다스림은 한계가 있습니다. 하나님 나라는 하나님이 다

---

[56] 세계가 다 내게 속하였나니 너희가 내 말을 잘 듣고 내 언약을 지키면 너희는 모든 민족 중에서 내 소유가 되겠고 너희가 내게 대하여 제사장 나라가 되며 거룩한 백성이 되리라(출 19:5-6) 내가 내 성막을 너희 중에 세우리니 내 마음이 너희를 싫어하지 아니할 것이며 나는 너희 중에 행하여 너희의 하나님이 되고 너희는 내 백성이 될 것이니라(레 26:11-12)

[57] 요한이 잡힌 후 예수께서 갈릴리에 오셔서 하나님의 복음을 전파하여 이르시되 때가 찼고 하나님의 나라가 가까이 왔으니 회개하고 복음을 믿으라 하시더라(막 1:14-15) 그가 고난 받으신 후에 또한 그들에게 확실한 많은 증거로 친히 살아 계심을 나타내사 사십 일 동안 그들에게 보이시며 하나님 나라의 일을 말씀하시니라(행 1:3)

[58] 빌립이 하나님 나라와 및 예수 그리스도의 이름에 관하여 전도함을 그들이 믿고 남녀가 다 세례를 받으니(행 8:12) 바울이 회당에 들어가 석 달 동안 담대히 하나님 나라에 관하여 강론하며 권면하되(행 19:8)

스리는 신정(神政)입니다. 하나님은 자신이 다스리는 사람들에게 복을 주십니다. 그들을 보호하시고 공의와 사랑으로 다스리십니다. 성령과 말씀으로 다스리십니다.

두 번째, 하나님 나라의 법은 하나님의 말씀입니다.

민주주의 국가에서는 국민이 합의하여 법을 만듭니다. 왕정 국가에서는 왕의 말이 법입니다. 하나님 나라에서는 하나님의 말씀이 법입니다. 하나님의 말씀을 따르는 사람은 의로운 사람이고, 그 말씀을 따르지 않는 사람은 불의한 사람입니다.

　세상의 왕은 자기에게 유익한 대로 법을 만들기도 합니다. 민주주의 국가에서조차 몇몇 소수의 이익을 위한 법이 만들어지기도 합니다. 법이 소수의 유익을 위해 악용되기도 합니다. 법이 있어도 적용에서 형평성이 어긋날 때도 있습니다. 반면에 하나님의 법은 선합니다. 또한 공평하게 적용됩니다. 하나님의 법은 하나님 사랑, 이웃 사랑을 지향합니다. 생명존중과 정의와 평화를 지향합니다.

세 번째, 하나님을 따르는 백성들의 공동체입니다.

하나님 나라 백성들은 하나님의 왕으로 모시고 하나님을 의존합니다. 하나님의 말씀을 최고의 가치로 여기고 이에 순종합니다.

네 번째, 하나님이 예비하신 터전에 세워진 나라입니다.

하나님은 하나님 나라를 이루어갈 터전을 주십니다. 아담에겐 에덴동산을, 이스라엘에겐 가나안 땅을 주셨습니다. 오늘 우리에겐 우리가 서 있는 곳이 어디든 하나님 나라를 이루어갈 터전입니다. 교회를 넘어 가정, 일터, 학교 등이 하나님이 우리에게 주신 터전입니다. 우리는 이곳에서 하나님의 다스림을 받고 하나님 나라를 이루어가야 합니다.

하나님 나라를 거부하는 사람들에게

하나님 나라는 가장 이상적인 나라입니다. 그러나 세상은 하나님 나라를 이루지 못하고 있습니다. 죄와 사망과 고난이 있습니다. 그렇기 때문에 하나님은 이 세상이 하나님 나라가 되기를 꿈꾸십니다.

간혹 사람들은 하나님께서 왕으로서 다스린다는 말을 부정적으로 받아들이기도 합니다. 두 가지 이유에서 그럴 수 있습니다.

먼저, 통치에 대한 부정적 이미지 때문입니다. 역사에는 악한 지도자가 있었습니다. 백성을 위하기보다 왕의 유익을 위해 백성에게 희생을 강요했습니다. 부당한 일을 힘으로 억압하며 진행하였습니다. 지배자의 유익을 위해 불의도 서슴없이 행하였습니다. 이런 지도자를 기억하는 사람들은 하나님이 다스리신다는 말에서 그런 통치를 떠올릴 수 있습니다.

다음은 우리 안에 있는 지배 욕구 때문입니다. 타락한 사람 안에는 누구에게나 지배와 통치 욕구가 있습니다. 누군가의 권위 아래 들어가는 것을 싫어합니다. 그 대상이 하나님일지라도 말입니다.

이를 극복하기 위해 하나님 나라를 바로 알아야 합니다. 하나님 나라는 우리가 경험했던 나라들과 다릅니다. 하나님의 통치는 세상 왕들의 통치와 다릅니다.

첫 번째, 하나님은 섬김으로 통치하십니다.[59]
하나님의 통치 목적은 물론 하나님 자신의 영광입니다.[60] 그러나 백성의 행복을 희생하면서 얻는 영광이 아닙니다. 하나님은 스스로 희생하셔서 백성을 행복하게 해주시며, 이를 통해 영광을 얻으십니다. 그 대표적인 사건이 예수님의 십자가 사건입니다.

세상의 왕들은 자기의 유익을 위해 힘으로 사람들을 지배하고

---

[59] 예수께서 불러다가 이르시되 이방인의 집권자들이 그들을 임의로 주관하고 그 고관들이 그들에게 권세를 부리는 줄을 너희가 알거니와 너희 중에는 그렇지 않을지니 너희 중에 누구든지 크고자 하는 자는 너희를 섬기는 자가 되고 너희 중에 누구든지 으뜸이 되고자 하는 자는 모든 사람의 종이 되어야 하리라 인자가 온 것은 섬김을 받으려 함이 아니라 도리어 섬기려 하고 자기 목숨을 많은 사람의 대속물로 주려 함이니라(막 10:42-45)

[60] 그런즉 너희가 먹든지 마시든지 무엇을 하든지 다 하나님의 영광을 위하여 하라(고전 10:31)

억압하지만, 하나님은 사람들의 행복을 위해 자기를 희생합니다. 하나님 나라는 더 가진 사람일수록 더 섬기는 나라입니다.

두 번째, 하나님의 통치 방식은 공의(公義)입니다.
세상의 왕들은 악한 의도를 가지고 통치하기도 합니다. 그러나 하나님은 불의를 추구하지 않으십니다. 하나님은 세상의 왕들에 비할 수 없이 도덕적으로 탁월하시며 선을 추구하십니다. 공의와 사랑의 하나님이십니다. 사람이 세상에서 하나님의 영광을 위하여 살 때 가장 큰 행복을 경험할 수 있습니다.[61]

하나님의 영광을 위해 산다는 것은 선의 근원이신 하나님의 뜻을 따르는 것이기 때문입니다.

세 번째, 하나님은 영으로 통치하십니다.
세상 나라는 외적임 힘, 곧 무력으로 다스립니다. 백성은 통치자의 외적 힘 앞에서 속마음과 다르게 굴복하게 됩니다. 그러나 하나님은 영으로, 곧 영적인 감화(感化)로 사람의 내면을 다스리십니다. 사랑의 말씀으로 마음을 다스리는 것입니다. 그러하기에 하나님 나라에 속한 사람들은 자발적으로 하나님의 다스림을 요청

---

61 주의 율례들을 즐거워하며 주의 말씀을 잊지 아니하리이다(시 119:16 / 주의 말씀의 맛이 내게 어찌 그리 단지요 내 입에 꿀보다 더 다니이다(시 119:103 / 주의 말씀은 내 발의 등이요 내 길에 빛이니이다(시 119:105)

하며 하나님 나라에 자발적으로 참여합니다.

네 번째, 하나님 나라는 하나님이 돌보시는 나라입니다.
세상 나라의 왕의 능력은 한계가 있습니다. 백성을 제대로 돌보지 못하기도 합니다. 먹고 사는 문제는 인류 역사에서 늘 어려운 문제였습니다만, 하나님은 백성을 먹이시기에 부족함이 없으십니다.

하나님은 이런 세상을 만들어가길 원하셨습니다. 하나님이 사랑으로 백성을 다스리고 백성은 사랑으로 하나님께 순종합니다. 그 나라의 법은 의롭고, 법에 따른 치리는 공정합니다. 그야말로 최고의 나라입니다. 바로 이런 공동체가 하나님 나라입니다.

─ 성경 역사 속에 세워진 하나님 나라

하나님은 사람들과 함께 하나님 나라를 꿈꾸셨습니다. 사람들은 이 일에 참여했지만 끊임없이 실패했습니다. 그럼에도 불구하고 하나님은 꿈꾸기를 포기하지 않으셨습니다. 그 꿈은 현재진행형입니다. 그동안 하나님 나라 세우기 프로젝트가 어떻게 진행되어 왔는지 알아보겠습니다.

첫 번째, 에덴동산의 하나님 나라였습니다.[62]

하나님께서 세상을 창조하시고 마련하신 에덴동산에서 하나님 나라를 시작하셨습니다. 하나님은 그곳에서 사랑으로 사람을 돌보셨고 사람은 사랑으로 하나님께 순종했습니다. 아름다운 하나님 나라의 모습이었습니다. 그러나 첫 사람 아담이 하나님의 법을 어겼습니다. 먹지 말라고 금하신 열매에 손을 댄 것입니다.

순종은 하나님 나라의 삶의 원리입니다. 불순종은 이를 부정하는 행동이었습니다. 아담은 하나님 나라로부터 멀어졌습니다. 아담 이후의 세상은 불경건과 불의로 채워졌습니다. 그러나 하나님은 포기하지 않으셨습니다. 하나님께서는 아담의 후손인 이스라엘 백성 중에서 '한 사람'을 택하여 다시 하나님 나라를 꿈꾸셨습니다.

두 번째, 이스라엘에 세우려 하신 하나님 나라였습니다.

하나님이 부르신 그 '한 사람'이 아브라함이었습니다. 하나님은 아브라함에게 "너를 통해 큰 민족을 세우겠다."고 약속하셨습니다. 하나님은 아브라함의 자손을 통해 세워질 하나님 나라를 기대하셨던 것입니다.[63] 아브라함, 이삭, 그리고 야곱으로 후손이 이

---

[62] 창세기 1-3장

[63] 내가 너로 큰 민족을 이루고 네게 복을 주어 네 이름을 창대하게 하리니 너는 복이 될지라(창 12:2)

어지면서 이스라엘 백성은 그 수가 늘어났습니다. 그러나 당시 그들은 이집트 바로 왕의 지배 아래 있었습니다. 하나님께서는 그들을 바로 왕의 지배로부터 해방하셨습니다. 하나님을 왕으로 모시고 살 수 있는 자유를 주셨습니다.

하나님은 해방된 이스라엘 백성과 언약을 맺으셨습니다. 하나님이 이스라엘 백성의 왕이 되고 이스라엘 백성은 하나님의 백성이 되었습니다. 하나님은 이스라엘 백성이 순종해야 할 법들을 알려주셨습니다. 이스라엘 백성이 법을 어겼을 때 하나님과의 관계를 다시 회복할 수 있도록 희생 제사 제도도 마련하셨습니다. 백성 가운데 하나님이 임하실 성막을 두셨습니다. 하나님은 그곳에 임재하시며 이스라엘 백성을 다스리셨습니다. 하나님은 이스라엘 백성과 더불어 그렇게 하나님 나라를 이루어가기로 하신 것입니다.[64] 그리고 하나님께서는 이스라엘 백성에게 가나안 땅을 주셨습니다. 그곳은 하나님 나라를 이루어갈 터전이었습니다.

하나님은 약속대로 이스라엘 백성들을 돌보셨습니다. 이에 반해 이스라엘은 끊임없이 불순종의 역사를 써 내려갔습니다.[65] 그 과정에서 이스라엘은 이방 나라들처럼 인간 왕을 구했습니다. 하나님은 그들의 요구대로 왕을 세워주셨습니다.

이스라엘의 왕은 세상의 왕들과 달라야 했습니다. 하나님의 대

---

[64] 출애굽기 24장

[65] 사사기, 사무엘상하, 열왕기상하, 역대상하 참조

리적 통치자였기 때문입니다. 사람들 앞에서는 하나님의 모습을 반영해야 했습니다. 하나님을 대신하여 사람들을 섬겨야 했습니다. 그러나 이스라엘의 왕들은 오히려 백성들을 우상숭배로 이끌었고 불의를 행했습니다. 하나님은 하나님의 말씀을 전하는 선지자들을 그들에게 보내 경고했습니다. 그러나 아무 소용이 없는 지경에 이르렀습니다. 그들은 더 이상 하나님 나라라고 여겨질 수 없게 되었습니다. 결국 이스라엘은 이웃의 열강인 바벨론에게 멸망당했습니다.

그러나 하나님은 자신의 하나님 나라 프로젝트를 포기하지 않으셨습니다. 하나님은 새로운 하나님 나라가 세워질 것을 선지자들을 통해 말씀하셨습니다. 이스라엘이 영적인 깊은 어둠에 있을 때도, 포로로 끌려가는 비참한 상황 속에서도 새로운 하나님 나라의 비전은 살아 있었습니다.

새롭게 세워질 하나님 나라의 특징은 다음과 같았습니다.

첫째, 하나님은 이전 왕들과 다른 왕을 보내실 것이었습니다. 그는 다윗의 자손으로 오시지만, 이전 왕들과 달리 하나님의 대리적 통치자가 되어줄 것이었습니다. 사람들에게는 하나님을 반영하고 하나님 앞에서는 사람들을 위해 섬길 자였습니다.[66]

---

[66] 내가 한 목자를 그들 위에 세워 먹이게 하리니 그는 내 종 다윗이라 그가 그들을 먹이고 그들의 목자가 될지라 나 여호와는 그들의 하나님이 되고 내 종 다윗은 그들 중에 왕이 되리라 나 여호와의 말이니라(겔 34:23-24)

둘째, 이제는 이스라엘 민족뿐만 아니라 이방인들도 하나님 나라에 참여할 수 있게 될 것이었습니다.[67]

셋째, 하나님께서는 새로운 하나님의 백성들에게 하나님의 영을 주실 것이었습니다. 더 이상 불순종에 사로잡히지 않도록 하나님의 말씀을 그들의 내면에 새기실 계획이었습니다.[68] 그 새 나라의 왕이 예수님이십니다.

세 번째, 예수님을 통해 시작된 하나님 나라였습니다.

하나님께서 보내신 하나님의 아들, 예수님이 세상에 오셨습니다. 예수님은 특별히 이스라엘의 대표적인 왕인 다윗의 자손으로 오셨습니다. 새로운 하나님 나라를 위해 하나님께서 보내신 왕이었습니다. 예수님을 영접하면 예수님을 보내신 하나님을 영접하는 것이었습니다. 예수님을 거절하면 하나님을 거절하는 것이었습니다.[69]

---

[67] 그가 이르시되 네가 나의 종이 되어 야곱의 지파들을 일으키며 이스라엘 중에 보전된 자를 돌아오게 할 것은 매우 쉬운 일이라 또 너를 이방의 빛으로 삼아 나의 구원을 베풀어서 땅끝까지 이르게 하리라(사 49:6)

[68] 그러나 그 날 후에 내가 이스라엘 집과 맺을 언약은 이러하니 곧 내가 나의 법을 그들의 속에 두며 그들의 마음에 기록하여 나는 그들의 하나님이 되고 그들은 내 백성이 될 것이라 여호와의 말씀이니라(렘 31:33)

[69] 내가 진실로 진실로 너희에게 이르노니 내가 보낸 자를 영접하는 자는 나를 영접하는 것이요 나를 영접하는 자는 나를 보내신 이를 영접하는 것이니라(요 13:20)

예수님은 먼저 이스라엘 백성에게 하나님 나라에 참여하라고 외쳤습니다. 예수님은 자신의 말씀과 행동으로 하나님 나라를 전하셨고 그 나라의 삶을 가르치셨습니다.

그러나 유대인은 예수님을 하나님의 아들로 인정하지 않았습니다. 예수님을 십자가로 끌고가 매달았습니다. 예수님은 결국 십자가에서 죽으셨습니다. 그러나 다시 살아나셨습니다. 이를 통해 예수님이 하나님의 아들이었음이 증명되었습니다. 십자가는 백성들의 죄를 해결하기 위한 하나님의 방법이었습니다.

부활하신 예수님은 제자들을 통해 하나님 나라를 전하셨습니다. 제자들은 보냄 받은 자라는 의미로 사도라고 불렸습니다. 예수님은 하나님 나라에 참여하기로 한 사람들에게는 성령을 선물로 주셨습니다. 이때, 이들의 우선적인 선교 대상은 유대인이었습니다. 그런데 유대인이 아닌 사람들(이방인) 중에서도 예수님을 하나님의 아들로 믿고 성령을 받는 사람들이 나타났습니다. 예수님으로 시작된 하나님 나라는 알고 보니 모든 사람들(유대인들과 이방인들)이 다 함께 참여할 수 있는 나라였습니다.[70]

이렇게 시작된 하나님 나라 공동체를 사람들은 교회라고 불렀습니다. 교회는 예수님을 왕으로 모신 공동체입니다. 성령님이 주시는 능력을 통해 그의 말씀을 따르는 사람들입니다. 교회가 곧

---

[70] 에베소서 2-4장 참조

새롭게 시작된 하나님 나라였습니다. 교회는 하나님의 백성이요 하나님의 가족입니다.

교회는 우리가 살고 있는 이 시대까지 이어지고 있습니다. 하나님께서는 교회를 통해 하나님 나라를 전하십니다. 주 예수님을 믿고 따르기로 결단한 사람은 세례를 받고 교회에 속합니다. 이들은 교회에서 하나님 나라를 이루어갑니다. 더불어 세상 속에서 말과 행동으로 하나님 나라를 전시하는 선교적 사명을 감당합니다. 그리고 우리가 사는 세상이 다 하나님 나라가 되기를 갈망합니다. 이것이 오늘날 교회의 사명입니다.

그러나 지금의 교회는 완벽하지 못합니다. 교회는 하나님 나라를 이루어가는 도중에 있습니다. 연약함도 있고 불완전함도 있습니다. 그럼에도 불구하고 하나님의 나라를 이루어가기를 추구하는 것이 교회의 사명입니다.

부활하셔서 다시 하늘로 오르신 예수님은 역사의 어느 한 순간에 다시 오실 것입니다. 다시 오셔서 하실 일이 있습니다. 하나님 나라를 완성하시는 일입니다.

네 번째, 완성될 하나님 나라가 있습니다.[71]
예수님은 다시 오셔서 완전한 하나님 나라를 이루실 것입니다.

---

71 요한계시록 21-22장 참조

믿음을 가지고 죽었던 사람들과 자신을 믿고 따르는 사람들을 모으실 것입니다. 이 세상의 모든 악과 고난과 죽음을 제거하시고 완전한 하나님 나라를 이루실 것입니다.

   삼위일체 하나님은 왕으로서 사람들을 다스리고, 사람들은 하나님께 순종할 것입니다. 하나님과 사랑의 관계를 누리게 될 것입니다. 서로 사랑하는 공동체가 될 것입니다. 죄와 아픔과 죽음이 사라지고 하나님의 복으로 가득 찰 것입니다. 경건함과 의로움이 만날 것입니다. 사랑과 정의가 만날 것입니다. 하나님 안에서 누리는 자유와 평화가 가득할 것입니다. 모든 자가 하나님의 영광을 노래하고, 하나님은 이 세상을 기뻐하며 복을 주실 것입니다. 이것이 우리가 바라보는 완성될 하나님 나라입니다. 신앙생활은 교회에 속한 가운데 이런 날을 꿈꾸며, 이 땅에서 믿음을 가지고 살아가는 삶입니다.

─ '섭리'하시는 하나님과 함께

섭리(攝理)는 하나님께서 세상 속에 참여하셔서 하시는 행동을 말합니다. 세상은 하나님께 불순종해왔습니다. 하나님의 아들조차 십자가에 못 박은 세상입니다. 그러나 하나님은 포기하지 않으셨습니다. 죄와 악과 고통과 죽음이 넘치는 세상을 불쌍히 여기셨습니다. 이 땅에 오사 신음하는 사람들과 함께하셨습니다.

하나님이 이 세상에 참여하시는 목적은 하나님 나라를 세우시려는 데 있습니다. 이것은 우리 삶에서도 마찬가지입니다. 우리를 향한 하나님의 궁극적인 꿈은 '우리가 삶의 터전에서 하나님 나라를 꿈꾸며, 하나님 나라의 백성으로 살아가는 것'입니다.

하나님 나라를 세우려는 하나님의 꿈을 그대의 꿈으로 삼아 보십시오. 하나님과 같은 목표를 바라보며 살아가십시오. 언젠가 완성될 그 나라를 바라보며, 이 땅에서 하나님 나라 백성으로서 살아가십시오. 그것이 우리가 추구해야 할 신앙생활입니다. 그 삶의 완성을 꿈꾸며 분투하며 나아가는 그대의 발걸음을 응원합니다.

● 정리와 나눔

1 우리와 세상을 향한 하나님의 꿈과 계획은 무엇일까요?

2 하나님 나라는 우리가 살고 있는 나라와 어떻게 다를까요?

3 성경에서 하나님 나라 세우기는 어떻게 진행되어 왔나요?

4 교회는 어떻게 하나님 나라를 세워가야 할까요?

5 나는 하나님 나라 백성, 하나님의 가족으로서 어떻게 살아야 할까요?

08 예수, 하나님의 아들

하나님은 하나님 나라를 꿈꾸셨습니다. 그러나 이 세상은 하나님 나라와 거리가 있었습니다. 이를 위해 하나님의 아들, 예수님을 이 세상에 보내셨습니다.

오늘도 세상은 예수님이 필요합니다. 많은 사람이 여전히 하나님 나라를 알지 못합니다. 이를 영적 무지라고 합니다. 하나님 나라에 대해 알아도 그 나라에 들어갈 자격은 없습니다. 하나님과 어긋나게 살아온 죄의 흔적 때문입니다. 혹여 들어갈 수 있다 해도 악으로 기울어지기 쉬운 성향으로 인해 하나님 나라 백성으로서 살아가는 것이 불가능할 것입니다. 이를 영적 무능이라고 합니다.[72]

---

[72] 기록된 바 의인은 없나니 하나도 없으며 깨닫는 자도 없고 하나님을 찾는 자도 없고 다 치우쳐 함께 무익하게 되고 선을 행하는 자는 없나니 하나도 없도다(롬 3:10-12)

겉으로 보이는 지식은 늘어가고 있습니다. 기술은 발달했습니다. 그러나 세상의 영적 상태는 여전히 어둡습니다. 세상은 영적 무지와 무능에 빠져 있습니다.[73] 그러므로 세상은 구원이 필요합니다. 구원자가 필요한 것입니다. 하나님 나라를 알려주고, 그 나라의 문을 열어주고, 그 나라의 백성으로 살아갈 수 있도록 해줄 존재가 필요합니다. 예수님이 바로 그 존재가 되셨습니다.

구원자, 예수님이 오시다

예수님은 지금으로부터 약 2000년 전, 유대 땅에 오셨습니다. 30년을 사신 후 하나님의 아들로서 공적(公的)인 사역을 시작하셨습니다. 예수님은 이 땅에서 말씀과 행동으로 하나님 나라를 알려주셨습니다. 예수님을 따라 하나님의 나라 백성이 될 것을 요청하셨습니다.

예수님은 자신을 하나님의 아들이라고 소개하셨습니다. 예수님의 말씀과 행동은 하나님의 아들만 하실 수 있는 것이었습니다. 자신을 따르는 자는 하나님을 따르는 자요, 자신을 따르지 않는 자는 자신을 보내신 하나님을 따르지 않는 자라고 말씀하셨습

---

[73] 모든 사람이 죄를 범하였으매 하나님의 영광에 이르지 못하더니(롬 3:23)

니다.[74]

당시 이스라엘 사람(유대인)들은 예수님을 하나님의 아들로 믿지 않았습니다. 오히려 그런 주장을 한 예수님을 신성모독자라고 하였습니다. 그들은 예수님을 로마 최고의 형벌인 십자가에서 죽게 만들었습니다.[75] 하지만 예수님은 3일 만에 다시 살아나셨습니다.[76] 부활하신 예수님이 제자들에게 나타나셨고, 제자들에게 자신이 살아있음을 알리셨습니다. 예수님은 제자들에게 하나님 나라를 전할 것을 부탁하시고 하늘로 올라가셨습니다.

예수님은 지금도 살아계십니다. 하나님 보좌 우편에서 말씀과 성령으로 하나님의 백성을 돌보십니다. 그리고 다시 오실 것을 약속하셨습니다. 다시 오셔서 완전한 하나님 나라를 세우실 것입니다.

---

[74] 예수께서 외쳐 이르시되 나를 믿는 자는 나를 믿는 것이 아니요 나를 보내신 이를 믿는 것이며 나를 보는 자는 나를 보내신 이를 보는 것이니라(요 12:44-45) 내가 진실로 진실로 너희에게 이르노니 내가 보낸 자를 영접하는 자는 나를 영접하는 것이요 나를 영접하는 자는 나를 보내신 이를 영접하는 것이니라(요 13:20)

[75] 예수께 이르러서는 이미 죽으신 것을 보고 다리를 꺾지 아니하고 그 중 한 군인이 창으로 옆구리를 찌르니 곧 피와 물이 나오더라(요 19:33-34)

[76] 여자들이 두려워 얼굴을 땅에 대니 두 사람이 이르되 어찌하여 살아 있는 자를 죽은 자 가운데서 찾느냐 여기 계시지 않고 살아나셨느니라 갈릴리에 계실 때에 너희에게 어떻게 말씀하셨는지를 기억하라 이르시기를 인자가 죄인의 손에 넘겨져 십자가에 못 박히고 제삼일에 다시 살아나야 하리라 하셨느니라 한 대(눅 24:5-7)

─ 예수님이 오신 이유와 하신 일

'예수'라는 이름을 주목해 보십시오. '예수'라는 이름은 사람이 임의로 지은 것이 아닙니다. 하나님께서 특별한 의미를 부여하며 짓게 하신 이름입니다.[77] 그 이름의 의미는 구원입니다. 이름을 통해 그가 무엇을 위해 오셨는지 알 수 있습니다. 예수님은 세상의 구원을 위해 이 땅에 오셨습니다.

예수님이 구원을 위해 이 땅에 오신 이유는 이 땅이 하나님 나라가 아니었기 때문입니다. 예수님은 우리가 영적 무지와 무능에서 벗어나 하나님의 복을 누리길 원하셨습니다. 죄와 사망과 저주에서 우리를 건져내어 하나님의 사랑의 나라에 속하도록 해주시기 위해 오셨습니다.

그렇다면, 예수님은 구원을 위해 무슨 일을 하셨을까요? 우리는 그를 '예수 그리스도'라고 부릅니다. 예수는 이름이고 그리스도는 직책입니다. 사람들은 저를 정승환 목사라고 부릅니다. 이를 예수 그리스도에 적용해보면, 예수는 정승환 같은 이름이고 그리스도는 목사 같은 직책입니다. 그리스도는 히브리어로 메시야라는 말입니다. 이는 하나님께 기름 부음을 받은 자라는 뜻입니다.

하나님께서 이스라엘을 하나님 나라로 세우시기 위해 3가지 역할의 사람을 세웠습니다. 선지자, 제사장, 왕이었습니다. 하나

---

[77] 아들을 낳으리니 이름을 예수라 하라 이는 그가 자기 백성을 그들의 죄에서 구원할 자이심이라 하니라(마 1:21)

님의 뜻을 전하는 선지자, 백성들의 죄 용서를 위해 제물을 드리는 제사장, 그리고 하나님을 대신하여 통치하는 왕입니다. 셋 다 하나님 나라 백성을 섬기기 위한 직책들입니다. 이들을 세울 때, 머리에 기름을 부었습니다. 이들은 하나님의 나라를 위한 일을 맡은 사람들이었습니다. 그들은 사람들이 하나님의 백성으로 살아가도록 돕기 위해 하나님께서 세우신 자들입니다.

그리스도, 즉 기름부음 받은 자라는 말에서 예수님이 어떤 일을 하셨는지 알 수 있습니다. 예수님은 이 땅에 오셔서 하나님 나라를 위해 이 세 가지 직책을 모두 감당하셨습니다. 선지자로, 제사장으로, 왕으로 하나님과 사람들을 섬기셨던 것입니다. 이 일을 통해 세상을 구원하시고자 하셨고 세상에 하나님 나라를 여시고자 하셨습니다. 하나씩 더 자세히 살펴보겠습니다.

첫 번째, 예수님은 선지자로서 말씀하시고 행동하셨습니다.
선지자는 이스라엘 백성에게 하나님의 뜻과 계획을 전하는 사람이었습니다.[78] 이스라엘 백성이 하나님께 불순종하며 살 때 하나님은 선지자를 보내셨습니다. 선지자들은 이스라엘에게 하나님의 백성답게 살라고 외쳤습니다. 그들은 하나님 나라와 그 나라의 삶의 방식을 전하는 하나님의 스피커였습니다. 예수님께서 이

---

[78] 옛적에 선지자들을 통하여 여러 부분과 여러 모양으로 우리 조상들에게 말씀하신 하나님이(히 1:1)

땅에서 주로 하셨던 일도 선지자와 같은 사역이었습니다.[79]

   신약성경에 있는 마태, 마가, 누가, 요한, 4개의 복음서에는 예수님의 말씀과 행적을 기록되어 있습니다.[80] 예수님께서는 선지자로서 '말씀'하셨습니다. 예수님이 말씀으로 가르치신 주제는 하나님 나라였습니다.[81] 예수님이 하나님 나라에 대해 가르치셔야 했던 이유는 세상이 영적으로 무지했기 때문이었습니다.

   예수님보다 하나님 나라에 대해 명확히 알려줄 수 있는 사람이 더 있을까요? 예수님은 성부 하나님과 그의 계획을 누구보다 잘 알고 계셨습니다. 그러므로 우리는 예수님께 하나님 나라를 배워야 합니다.

   예수님은 사람들에게 하나님 나라가 어떠한 나라인지 소개하고 그 나라로 사람들을 초대하셨습니다.[82] 대상을 제한하지 않고 누구나 하나님 나라에 속할 것을 명령하셨습니다. 죄 가운데 있는 사람에게는 회개하라고 명하셨습니다. 자신의 죄를 뉘우치는 사람에게는 위로와 하나님의 용서를 말씀하셨습니다.

---

79 태초에 말씀이 계시니라 이 말씀이 하나님과 함께 계셨으니 이 말씀은 곧 하나님이시니라(요 1:1) 이 모든 날 마지막에는 아들을 통하여 우리에게 말씀하셨으니(히 1:2)

80 예수께서 모든 도시와 마을에 두루 다니사 그들의 회당에서 가르치시며 천국복음을 전파하시며 모든 병과 모든 약한 것을 고치시니라(마 9:35)

81 예수께서 이르시되 내가 다른 동네들에서도 하나님의 나라 복음을 전하여야 하리니 나는 이 일을 위해 보내심을 받았노라 하시고 갈릴리 여러 회당에서 전도하시더라(눅 4:43-44)

82 때가 찼고 하나님의 나라가 가까이 왔으니 회개하고 복음을 믿으라(막 1:15)

예수님은 누가 하나님 나라에 속할 수 있는지, 하나님 나라 백성은 어떠한 삶을 살아야 하는지 알려주셨습니다. 마태복음 5-7장의 산 위에서 하신 설교(산상수훈)는 하나님 나라 백성이 어떻게 살아가야 할지 알려주는 보배로운 부분입니다. 때로는 세상 나라와 비교하며, 때로는 세상에서 일어나는 일들을 비유로 하나님 나라와 그 나라의 삶을 설명하셨습니다.

예수님은 우리가 예수님을 따르는 순간부터 하나님 나라에 속하게 되지만, 그 나라의 복을 완전히 경험하기 위해서는 기다려야 한다고 말씀하셨습니다. 그래서 종말의 때에 하나님의 백성이 어떻게 지내야 하는지도 알려주셨습니다.

예수님은 자기 자신에 대해서도 말씀하셨습니다. 자신은 하나님의 아들이며, 자신을 따르는 자가 하나님 나라에 속한 참 하나님의 백성임을 말씀하셨습니다. 사람들의 죄를 담당하기 위해 자신이 십자가에서 죽게 될 것과 3일 만에 다시 살아날 것도 말씀하셨습니다.

예수님은 또한 선지자로서 행동하기도 하셨습니다. 예수님은 병든 자를 치유하셨습니다. 귀신들린 자에게서 귀신을 내쫓아 주셨습니다. 자연을 다스리는 기적을 행하셨습니다. 예수님이 행하신 일(기적)은 하나님의 아들만이 하실 수 있는 독특한 일이었습니다. 예수님이 하나님이 아들이심을 증명해주는 행동이었던 것입니다.

예수님이 행하신 기적을 통해 우리는 하나님 나라가 어떠한 곳인지 알 수 있습니다. 치유사건을 통해 하나님 나라는 치유와 회복의 나라임을 알 수 있습니다. 귀신을 내어 쫓아주신 사건을 통해 하나님 나라는 악한 영으로부터 자유롭게 되는 나라임을 알 수 있습니다. 물고기 2마리와 떡 5개로 많은 사람을 배불리 먹인 기적을 통해 하나님 나라는 부족함이 없는 풍성한 나라임을 알 수 있습니다. 하나님 나라에 대한 예수님의 말씀에 대해 좀더 이해하길 원하신다면 신약성경의 복음서를 읽어보시기 바랍니다.

두 번째, 예수님은 제사장으로서 자신을 제물로 드렸습니다.
제사장은 이스라엘 백성을 대신하여 하나님께 제물을 드리는 사람입니다.[83] 이것은 죄의 용서를 위한 일이었습니다. 이스라엘 백성은 죄의 용서를 위해 제사장에게 하나님이 정하신 제물을 가져갔습니다. 제사장은 일정한 절차에 따라 하나님께 제물을 올려드렸습니다. 이를 통해 이스라엘 백성의 죄가 용서받을 수 있도록 했습니다.

예수님이 이 땅에서의 사역을 마무리할 때가 가까워졌습니다. 그에겐 정말 중요한 사명이 남아 있었습니다. 사람들의 죄를 짊어지고 십자가에서 죽으시는 일이었습니다. 이는 제사장으로서

---

[83] 대제사장마다 사람 가운데서 택한 자이므로 하나님께 속한 일에 사람을 위하여 예물과 속죄하는 제사를 드리게 하나니(히 5:1)

자기 자신을 사람들의 죄 용서를 위한 제물로 드리는 사역이었습니다.

십자가를 통해 우리는 두 가지 사실을 알 수 있습니다.

첫째, 인간의 영적 형편입니다.

당시 유대인들은 예수님을 하나님의 아들로 인정하지 않았습니다. 오히려 그를 신성모독자로 생각했습니다. 하나님의 말씀과 가장 가까웠던 그들이 그토록 무지했다면, 다른 나라는 얼마나 무지했을까요? 유대인들은 영적 무지 속에서 예수님을 십자가에 못 박았습니다. 십자가는 이와 같이 인간의 영적 형편을 폭로합니다. 유대인의 모습이 모든 인류 속에도 있습니다. 그것이 인간의 영적 형편입니다.

둘째, 하나님의 포기하지 않으시는 사랑입니다.

십자가는 양면성을 가지고 있습니다. 십자가의 한 면에는 무지한 유대인들의 죄의 흔적이 묻어 있습니다. 십자가의 또 다른 면에는 하나님께서 세상을 구원하시기 위한 사랑의 흔적이 묻어 있습니다.

예수님은 유대인에 의해 십자가에서 죽으셨습니다. 그러나 이는 하나님의 계획 가운데 있던 일이었습니다. 예수님이 유대인과 총독 빌라도에 의해 십자가에 못 박힌 것은 사실이지만, 하나님께서 예수님을 십자가에 내어주신 것도 사실입니다. 예수님이 힘이 부족해서 죽으신 것이 아니었기 때문입니다. 그의 자발적 희생이었습니다.

하나님은 왜 예수님을 십자가에 못 박히시도록 내어주셨을까요? 십자가가 인류의 죄의 문제를 해결할 수 있는 길이었기 때문입니다. 이는 사람들의 죄를 용서해주시려는 하나님의 계획 가운데 일어난 일이었습니다.

한편으로 보면 예수님은 유대인과 빌라도에 의해 십자가에서 죽으셨습니다. 그러나 다른 한편에서 보면 우리의 죄를 담당하기 위해 십자가에 죽으신 것입니다.[84] 이는 우리를 사랑하사 아들을 십자가에 내어주신 사랑의 흔적이었습니다.[85]

예수님은 이 두 가지를 늘 함께 말씀하셨습니다. 하나는 "유대인들에 의해 내가 십자가에 죽으실 것이다"였습니다.[86] 또 하나는 "나는 사람들의 죄를 담당하기 위해 속죄 제물이 되어 십자가에서 죽을 것이다"였습니다. 이는 십자가 사건에 담겨 있는 두 가지 의미였습니다.[87] 하나님은 십자가를 통해 인류의 영적인 상태를 폭로하셨고, 동시에 인류의 죄의 문제를 해결하시는 하나님의 사

---

[84] 친히 나무에 달려 그 몸으로 우리 죄를 담당하셨으니(벧전 2:24)

[85] 우리가 아직 죄인되었을 때에 그리스도께서 우리를 위하여 죽으심으로 하나님께서 우리에 대한 자기의 사랑을 확증하셨느니라(롬 5:8)

[86] 보라 우리가 예루살렘에 올라가노니 인자가 대제사장들과 서기관들에게 넘겨지매 그들이 죽이기로 결의하고 이방인들에게 넘겨 주겠고 그들은 능욕하며 침 뱉으며 채찍질하고 죽일 것이나 그는 삼 일 만에 살아나리라 하시니라(막 10:33-34)

[87] 인자가 온 것은 섬김을 받으려 함이 아니라 도리어 섬기려 하고 자기 목숨을 많은 사람의 대속물로 주려 함이니라(막 10:45)

랑도 드러내신 것입니다. 그러므로 십자가를 통해 우리는 다음의 두 가지를 알아야 합니다.

첫째는 우리 또한 영적 무지로 인해 죄 가운데 있다는 점입니다. 세상은 지금도 영적 무지 속에 있습니다. 영적 무지는 불의한 행동을 낳습니다. 하나님의 뜻이 무엇인지 모르기 때문에 자신의 생각과 경험과 감정에 의지하여 결정하고 행동합니다. 이런 사람의 삶은 하나님의 뜻과 어긋나게 됩니다. 성경은 이런 삶을 죄에 속한 삶이라고 합니다.

사람이 하나님 나라에 속하기 위해서는 먼저 용서받아야 합니다. 죄의 문제가 해결되지 않는다면 하나님 나라에 속할 수 없습니다. 하나님의 뜻에 어긋나게 살아온 것에 대해 하나님의 공의로운 판정도 받아야 합니다. 이를 심판이라고 합니다. 그러나 사람은 세상에서 살아가는 동안 이 일의 심각성을 잘 깨닫지 못합니다. 인생은 마지막에 가서야 죄를 용서받는 것이 가장 중요한 문제임을 깨닫곤 합니다. 인생을 판정하시는 하나님 앞에서 죄를 용서받는 것, 그것이 가장 중요한 일입니다.[88]

둘째는 죄를 용서하시는 하나님입니다. 죄의 용서는 인간이 원한다고 되는 것이 아닙니다. 하나님의 은혜입니다. 하나님께서 용서해주셔야 가능합니다. 그러므로 십자가는 인간을 용서해주시

---

[88] 한번 죽는 것은 사람에게 정해진 것이요 그 후에는 심판이 있으리니(히 9:27)

려는 하나님의 의중을 우리에게 알려줍니다. 하나님은 우리를 용서하시고, 다시 하나님의 백성으로 맞아들이길 원하십니다. 우리를 사랑하시는 하나님의 의중이 십자가에 나타나 있는 것입니다. 그러므로 우리가 용서받을 수 있는 길이 있습니다. 나의 죄를 짊어지고 죽으신 예수님을 의지하여 하나님께 나아가는 길입니다.

구약성경을 보면 하나님께서 한 사람이 죄를 범했을 때, 이를 용서받을 수 있는 길을 정하시고 알려주셨습니다. 하나님이 명하신 흠 없는 제물을 드리는 일이었습니다.[89]

구약시대에는 한 사람이 죄를 범하면 그 사람은 하나님이 명하신 흠 없는 동물을 제사장에게 데리고 와야 했습니다. 제사장이 그 동물을 죽이면 그 동물이 그 사람의 죄를 대신 담당하여 죽은 것입니다. 이를 통해 사람의 죄가 하나님께 용서받을 수 있었습니다.

물론 이 일도 완전한 해법은 아니었습니다. 사람의 죄를 동물이 담당할 수는 없습니다.[90] 사람의 죄는 죄 없는 사람만이 온전히 담당할 수 있습니다. 제사 방법은 하나님께서 예수님이 후에 하

---

[89] 이스라엘 자손에게 말하여 이르라 누구든지 여호와의 계명 중 하나라도 그릇 범하였으되 만일 기름 부음을 받은 제사장이 범죄하여 백성의 허물이 되었으면 그가 범한 죄로 말미암아 흠 없는 수송아지로 속죄제물을 삼아 여호와께 드릴지니 그 수송아지를 회막 문 여호와 앞으로 끌어다가 그 수송아지의 머리에 안수하고 그것을 여호와 앞에서 잡을 것이요(레 4:2–4)

[90] 이는 황소와 염소의 피가 능히 죄를 없이 하지 못함이라(히 10:4)

실 일(십자가에서 죽으실 일)의 의미에 대해 사람들이 이해할 수 있도록 미리 알려주신 것입니다. 예수님의 십자가는 이 제사법에서 이해되어야 합니다. 예수님은 우리의 죄 용서를 위한 제물을 드리는 제사장으로 오신 것입니다.[91] 그런데 우리의 죄를 담당할 제물이 무엇이었습니까? 예수님 자신이었습니다. 예수님은 제사장으로 오셨을 뿐만 아니라 그분 자신이 우리의 죄를 짊어질 제물(속죄제물)이 되기 위해 오셨습니다.[92] 예수님이 오시기 약 700년 전에 이사야 선지자는 이를 미리 예언했습니다.[93]

예수님이 이 땅에 계실 때에도 사람들에게 이를 알려주셨습니다.[94] 예수님이 부활하신 후에, 그를 따르던 제자 베드로도 예수님의 죽음을 이와 같이 해석하여 교회에 설명하였습니다.[95]

---

[91] 그러므로 그가 범사에 형제들과 같이 되심이 마땅하도다 이는 하나님의 일에 자비하고 신실한 대제사장이 되어 백성의 죄를 속량하려 하심이라(히 2:17)

[92] 오직 그리스도는 죄를 위하여 한 영원한 제사를 드리시고 하나님 우편에 앉으사(히 10:12)

[93] 그는 실로 우리의 질고를 지고 우리의 슬픔을 당하였거늘 우리는 생각하기를 그는 징벌을 받아 하나님께 맞으며 고난을 당한다 하였노라 그가 찔림은 우리의 허물 때문이요 그가 상함은 우리의 죄악 때문이라 그가 징계를 받으므로 우리는 평화를 누리고 그가 채찍에 맞으므로 우리는 나음을 받았도다 우리는 다 양 같아서 그릇 행하여 각기 제 길로 갔거늘 여호와께서는 우리 모두의 죄악을 그에게 담당시키셨도다(사 53:4-6)

[94] 인자가 온 것은 섬김을 받으려 함이 아니라 도리어 섬기려 하고 자기 목숨을 많은 사람의 대속물로 주려 함이니라(마 20:28)

[95] 친히 나무에 달려 그 몸으로 우리 죄를 담당하셨으니 이는 우리로 죄에 대하여 죽고 의에 대하여 살게 하려 하심이라 그가 채찍에 맞음으로 너희는 나음을 얻었나니(벧전 2:24)

이 일은 예수님만이 하실 수 있는 일이었습니다. 다른 누구도 타인의 죄를 담당하는 제물이 될 수 없습니다. 그럴 자격이 없습니다. 이 세상에 사는 사람들은 너나 할 것 없이 다 죄의 흔적으로 얼룩져 있기 때문입니다.

예수님은 우리와 똑같은 사람으로서 이 땅에 오셨습니다. 태어나고, 자라고, 먹고, 마시고, 유혹과 시험을 당하셨습니다. 그러나 예수님에게는 우리와 다른 점이 있습니다. 예수님은 하나님 앞에서 죄를 범하지 않으셨습니다. 이로 인해 우리를 대신하는, 우리의 죄를 담당할 수 있는 제물이 되실 수 있었습니다.[96] 다시 사신 예수님은 예수님을 따르겠다고 회개하는 사람에게 십자가를 근거로 죄의 용서를 선언하실 수 있습니다. 하나님의 영을 그 사람에게 보내주실 수 있습니다.

죄는 덮어놓고 용서할 수 있는 것이 아닙니다. 죄에 대한 대가를 치러야만 합니다.[97] 우리 죄가 용서받을 수 있는 이유는 예수님께서 우리 죄의 대가를 대신 치르셨기 때문입니다. 예수님이 죽으심으로 우리 죄의 문제가 해결되었습니다.

이 땅에 십자가의 은혜가 필요없는 사람이 있습니까? 아무도

---

[96] 우리에게 있는 대제사장은 우리의 연약함을 동정하지 못하실 이가 아니요 모든 일에 우리와 똑같이 시험을 받으신 이로되 죄는 없으시니라(히 4:15)

[97] 율법을 따라 거의 모든 물건이 피로써 정결하게 되나니 피흘림이 없은즉 사함이 없느니라(히 9:22)

없습니다. 모두가 죄를 범하였습니다. 하나님의 영광에 이를 수 있는 사람은 아무도 없습니다. 예수님의 십자가의 공로를 의지하는 것만이 하나님께 다시 나아갈 수 있는 길입니다.

다른 종교에서 주는 지혜로운 가르침도 가치는 있습니다. 그들의 가르침이 우리의 삶에 도움을 주기도 합니다. 그러나 누구도 예수님처럼 나의 죄를 위해 하나님께 제물이 될 수 있는 자격을 갖춘 사람은 없습니다.

세 번째, 예수님은 부활하시고 왕으로서 통치하십니다.
부활은 우리에게 세 가지를 말해줍니다.

첫째, 예수님은 참으로 하나님의 아들이었습니다. 부활을 통해 예수님이 하나님의 아들이심이 증명된 것입니다. 하나님이 예수님을 다시 살리심으로 이를 증명하셨습니다. 그는 진정 하나님의 아들이셨습니다. 그의 말씀은 모두 하나님으로부터 온 말씀이었습니다. 그의 십자가는 그가 미리 예고하신 대로 사람들의 죄 용서를 위한 죽음이었습니다.

둘째, 부활은 승리의 사건입니다. 예수님은 악한 영과 죽음을 이기시고 부활하셨습니다.

셋째, 부활하신 예수님은 이제 하나님 나라의 왕으로서 일하십니다. 부활하신 예수님이 지금 살아계십니다. 다시 사신 예수님은 교회를 통해 하나님 나라를 세워 가십니다. 그러므로 신앙생활은 죽으신 예수님을 추억하는 삶에 그쳐서는 안 됩니다. 신앙생활은 나를 위해 죽으셨으나 다시 살아나셔서, 지금 이 순간에도 살아계신 예수님을 따르는 삶입니다.

부활하신 예수님은 제자들에게 성령을 보내셨습니다. 이로써 예수님은 예수님의 영이신 성령을 통해 제자들을 다스리게 되었습니다. 제자들을 통해 하나님 나라를 세상에 전하셨습니다. 죽으시고 부활하시기 전에는 혼자 하시던 일이었지만 이제는 자신을 따르던 사람들과 함께, 그들 안에서 하시는 일이 되었습니다. 이를 통해 하나님과 그의 아들 예수님을 믿고 따르는 자들이 생겨났습니다. 예수님은 그들에게도 성령을 보내셨습니다. 그들과 함께하시며, 그들을 통해 일하셨습니다. 이렇게 예수님의 영, 성령을 받은 사람들이 모인 공동체를 교회라고 부릅니다.

이제 예수님은 하나님 나라를 다스리는 왕으로서 하나님의 백성인 교회를 다스리고 인도하십니다. 예수님은 지금도 교회 안에서, 교회와 함께 하나님 나라를 전하십니다.

왕이신 예수님을 따르는 생활

십자가가 예수님께서 우리를 대신하여 성부 하나님 앞에 서신 사건이라면, 부활하셔서 왕이 되심은 성부 하나님을 대신하여 우리 앞에 서신 사건입니다.

왕이신 예수님은 우리를 참된 하나님의 백성으로 만들어 가십니다. 이스라엘 백성이 이집트의 노예로 있을 때, 하나님께서 이스라엘 백성들을 구원하셨습니다. 이후 이스라엘 백성이 다른 나라의 지배에 들어갈 때마다 다시 그들을 구원하셨습니다. 하나님께서 그들을 외부의 억압에서 구원하신 이유는 그들을 통해 제대로 된 하나님 나라가 세워지길 기대하셨기 때문입니다.

그런데 매번 반복되는 문제가 있었습니다. 이스라엘 백성은 외적 억압에서 해방되어 하나님을 자유롭게 섬길 수 있게 되었지만 그들은 또다시 우상숭배에 빠졌습니다. 그 이유가 무엇이었을까요? 그들이 눈에 보이는 억압자로부터는 해방되었지만, 그들의 내면은 눈에 보이지 않는 억압자로부터 해방되지 못했기 때문이었습니다. 진정한 구원은 외적 환경만 변하는 것이 아닙니다. 내면을 사로잡고 있는 지배자로부터 해방되어야 합니다.

예수님은 성령으로 우리의 내면을 다스리십니다. 우리의 죄를 사하실 뿐만 아니라 성령을 통해 우리의 내면을 새롭게 하십니다. 예수님의 통치는 영적 감화의 통치입니다. 예수님은 우리에게 영향을 끼치던 악한 영을 쫓아내십니다. 우리의 타락한 내면을 회복하시고 하나님의 말씀을 우리 내면에 새기십니다.

부활하신 예수님은 이 땅에서 올라가신 대로 다시 이 땅에 오실 것입니다. 이는 예수님이 하신 약속입니다.[98] 이때 세상의 모든 사람들은 예수님을 보게 될 것입니다. 예수님이 가장 높으신 왕이심이 세상에 드러날 것입니다.[99] 그때에 예수님께 속하지 않은 자들에게는 심판이 선포될 것입니다. 반면에 예수님을 왕으로 삼아 신실하게 살아가던 사람들에게는 완전한 하나님 나라가 주어질 것입니다. 영적인 통치뿐 아니라 온 세상이 하나님과 예수님의 주인됨을 인정하고 영광을 돌릴 것입니다. 그의 뜻에 사랑으로 순종할 것입니다. 이 세상의 죄와 죽음, 고통은 사라지고, 하나님의 복이 가득할 것입니다. 신앙생활은 이렇게 왕이 되신 예수님을 따르는 하나님 나라 백성으로서 사는 삶입니다.

정리와 나눔

1. 교회에서 "예수 믿고 구원받으라"고 외칩니다. 왜 우리는 구원 받아야 하나요?

2. 예수님이 어떤 분인지 설명해보시기 바랍니다.

---

[98] 이르되 갈릴리 사람들아 어찌하여 서서 하늘을 쳐다보느냐 너희 가운데서 하늘로 올려지신 이 예수는 하늘로 가심을 본 그대로 오시리라 하였느니라(행 1:11)

[99] 볼지어다 그가 구름을 타고 오시리라 각 사람의 눈이 그를 보겠고 그를 찌른 자들도 볼 것이요 땅에 있는 모든 족속이 그로 말미암아 애곡하리니 그러하리라 아멘(계 1:7)

3 예수님은 우리의 구원을 위해 어떠한 일을 하셨나요? (선지자, 제사장, 왕으로서)

4 예수님의 사역을 통해 우리는 어떤 유익을 얻게 되었나요?

5 예수님께 삶을 드리는 기도를 해보십시오.

TO YOU WHO BEGIN FAITH

09 성령님, 그대의 동행자

TV채널이 많아지면서 다양한 TV프로그램이 나왔습니다. 그중에 새롭게 일을 시작하는 사람들을 돕는 프로그램들이 생겼습니다. 요식업이나 영어와 같이 능력과 기술을 개발하도록 돕거나, 가수나 댄서가 되도록 돕는 예능프로그램입니다. 참가자들은 유능한 요리사, 경영 컨설턴트, 영어 강사, 전문 댄서 등에게 도움을 받았고 성장했습니다. 안 하던 일을 처음 시작하는 사람은 다가오는 어려움을 극복하기 쉽지 않습니다. 누군가, 이왕이면 전문가가 함께하며 도움을 주어야 합니다.

하나님 나라 백성으로서 살아가는 일도 마찬가지입니다. 하나님께서는 "이제부터 너희 힘으로 잘 해봐라" 하시며 우리를 홀로 내버려두지 않으십니다. 우리를 신앙의 길로 인도해주실 분을 예비해두셨습니다. 우리가 신앙생활을 하려고 결단할 때 바로 '그

분'을 보내주시는데, 그분이 성령님입니다. 성령님은 성부, 성자 하나님과 동일한 하나님이십니다. 성부 하나님, 성자, 하나님, 성령 하나님을 기독교 신학 용어로 삼위일체 하나님이라고 합니다.

예수님은 제자들에게 성령님에 대해 또 다른 보혜사라고 소개하셨습니다.[100] 보혜사(保惠師)를 문자 그대로 풀면 보호하시고 은혜를 주시는 스승이라는 말입니다. 다른 언어의 성경을 보면 협조자, 보호자, 인도자, 위로자, 상담자 등으로 번역하고 있습니다. 예수님은 제자들에게 보혜사였습니다. 그러나 예수님은 십자가에서 죽으시고 부활하시고 승천하셔야 했습니다. 하나님은 예수님이 승천하신 후 또 다른 보혜사를 보내주셨습니다. 제자들에게 임한 또 다른 보혜사는 성령님이었습니다.

성령님은 우리가 하나님의 백성이 되도록, 하나님의 백성답게 살도록, 하나님이 주시는 사명을 감당하도록 돕는 분입니다. 성령님은 우리에게 오셔서 우리 안에 거하시는 분입니다. 우리와 함께 하시는 하나님이십니다.

---

[100] 내가 아버지께 구하겠으니 그가 또 다른 보혜사를 너희에게 주사 영원토록 너희와 함께 있게 하리니 그는 진리의 영이라 세상은 능히 그를 받지 못하나니 이는 그를 보지도 못하고 알지도 못함이라 그러나 너희는 그를 아나니 그는 너희와 함께 거하심이요 또 너희 속에 계시겠음이라(요 14:16-17)

구원으로 이끄시는 성령님

성령님의 일하심을 우리가 함부로 판단하거나 한정할 수는 없지만, 성령님은 보편적으로 말씀과 함께, 말씀을 통해 일하십니다.

우리는 하나님의 말씀을 크게 3가지로 구분합니다. 첫째, 하나님께서 실제로 하신 말씀입니다. 좁은 의미로서 하나님의 말씀입니다. 둘째, 그분의 말씀과 행적이 담긴 성경입니다. 우리는 일반적으로 성경을 하나님의 말씀이라고 말합니다. 셋째, 성경을 근거로 선포되는 목회자의 설교입니다. 하나님의 말씀인 성경을 가지고 해석하고 설명하는 것이 설교이므로, 넓은 의미로서 하나님의 말씀이라고 표현하는 것입니다. 성령님은 우리가 이러한 말씀을 대할 때 우리 안에서 일하십니다.

성령님이 말씀을 통해 우리 안에서 하시는 일은 무엇일까요?

첫 번째, 우리의 영적 한계를 깨닫게 하십니다.
신앙생활은 하나님과 나의 차이를 깨달아야 시작할 수 있는 것입니다. 하나님의 크심과 나의 작음을 아는 사람이 하나님을 의지합니다. 하나님의 거룩하심과 나의 죄를 아는 사람이 회개합니다. 내가 하나님처럼 큰 줄 알고, 내가 하나님처럼 거룩한 줄 착각하는 사람은 하나님을 찾지 않습니다. 자신의 영적 한계를 깨달은 사람이 하나님께 나아갑니다. 성령님은 바로 이것을 깨닫게

하십니다.[101]

제가 처음 신앙생활을 시작했을 때였습니다. 설교를 듣다가, 성경을 읽다가, 혹은 신앙서적을 읽다가 마음속에 어떤 울림을 경험했습니다. '아, 내가 하나님을 의지하지 않았구나, 내가 죄인이었구나'라는 생각이 들었습니다. 당시에는 왜 그런 마음이 드는지 알 수 없었는데, 알고 보니 그것은 성령님의 일하심이었습니다. 물론 지금도 그런 울림을 종종 경험합니다.

자신의 한계를 깨닫는 일은 신앙생활을 시작할 때뿐만 아니라 신앙생활을 하는 중에도 일어납니다. 하나님과 더 가까워지기 위해서입니다. 사람들은 이를 두고 복된 후회, 복된 실패, 복된 좌절이라고 표현했습니다. 나의 한계를 깨달음으로 더욱 하나님을 의지하게 되기 때문입니다.

두 번째, 구원의 하나님을 의지하게 하십니다.

자신의 한계를 깨달은 사람은 좌절할 수 있습니다. 성령님은 그때 소망을 주시며 구원의 하나님께 인도하십니다. 그리하여 자신의 죄를 깨달은 자에게 용서의 하나님을 알게 하시며 예수님의 십자가를 의지하게 하십니다. 성령님은 우리에게 예수님을 알리

---

101 그가 와서 죄에 대하여, 의에 대하여, 심판에 대하여 세상을 책망하시리라(요 16:8)

십니다.[102] 성령님은 우리가 한계를 느끼게 하시고 동시에 구원하시는 하나님을 의지하게 하십니다.

성령님도 성부, 성자와 동일한 하나님이시지만 전면에 드러나기보다 뒤에서 일하십니다. 성령님은 늘 조연을 자처하십니다.

세 번째, 성령님은 우리를 하나님 나라 백성으로 빚으십니다.
성령님은 우리를 하나님의 백성으로 살도록 인도하십니다.[103] 하나님은 우리를 그 모습 그대로 부르시지만 그대로 두진 않으십니다. 하나님의 자녀다운 모습으로 빚어 가시고 우리의 내면이 예수님을 닮게 하십니다. 성령님께서 우리와 함께하시면서 그 일을 진행하십니다.

하나님은 이제 막 신앙생활을 시작했을 뿐인 사람들도 하나님의 자녀로 여겨주십니다. 사실 사람의 눈으로 보면 하나님의 자녀라고 하기엔 민망할 때입니다. 하나님의 자녀다운 모습보다 세상에서 살던 모습이 더 많이 나타나기 때문입니다. 하나님은 이런 우리에게 성령님을 보내셔서 하나님의 자녀답게 만들어 가십니다. 그래서 바울 사도는 그리스도를 따르는 하나님의 백성들에

---

[102] 내가 아버지께로부터 너희에게 보낼 보혜사 곧 아버지께로부터 나오시는 진리의 성령이 오실 때에 그가 나를 증언하실 것이요 (요 15:26)
[103] 그러나 진리의 성령이 오시면 그가 너희를 모든 진리 가운데로 인도하시리니 (요 16:13)

게 성령을 따라 행해야 한다고 말했습니다.[104]

그렇다면 성령님을 따라 행하는 것은 어떻게 하는 것일까요? 우선 우리는 성령님께서 어떻게 우리의 삶 속에서 일하시는지 알아야 합니다. 성령님은 하나님의 말씀과 함께, 하나님의 말씀을 통해 일하십니다. 하나님의 말씀이 우리에게 선포될 때, 우리가 하나님의 말씀을 읽을 때, 성령님은 우리 안에서 일하시며 그 말씀을 이해하게 하십니다. 그 말씀과 어긋난 나의 삶을 보게 하시며 그 말씀을 따라 살고 싶은 갈망을 일으키십니다. 결국 그 말씀을 따라 살게 하십니다.

성령님을 따라 행한다는 것은 성령님께서 말씀을 통해 우리의 영혼에 일으키신 울림을 따라서 살아가는 것입니다. 성령님을 따라 살면 하나님의 말씀이 내 삶에서 실현됩니다. 하나님의 뜻이 내 삶에 이루어집니다. 예수님처럼 말입니다.

성령님이 지금 우리와 함께하심을 믿으십니까? 성령님이 그대의 삶 속에 일하고 계심을 알아차리고 계십니까? 성령님은 그대가 읽고 들었던 하나님의 말씀을 적절한 때에 생각나게 하십니다. 성령님은 우리 안에 심겨진 하나님의 말씀을 떠오르게 하십

---

[104] 내가 이르노니 너희는 성령을 따라 행하라 그리하면 육체의 욕심을 이루지 아니하리라(갈 5:16)

니다.[105] 이를 통해 우리를 경건한 삶으로, 의로운 삶으로, 사랑의 삶으로 인도하십니다. 우리의 생각과 삶을 변화시키십니다. 그래서 내 생각대로 살았던 사람은 하나님의 말씀이 생각나서 회개합니다. 하나님의 말씀대로 살고자 결단합니다.

우리는 성령님의 역할을 통해 하나님 나라 백성답게 변화되어 갑니다. 이러한 삶이 계속될 때, 우리 삶에 맺히는 성품의 열매들이 있습니다. 성경은 이를 성령의 열매라고 합니다.[106] 아홉 가지 성령의 열매를 묵상해 보십시오. 성령님이 맺으신 열매들을 대표적으로 누구에게서 확인할 수 있을까요? 바로 예수님이십니다. 그래서 성령이 우리의 삶에 열매를 맺으시면 우리는 예수님을 닮게 됩니다. 성령께서 우리 안에서 예수님을 닮아가도록 일하셔서 참 하나님의 백성이 되도록 하시기 때문입니다.

네 번째, 성령님은 우리에게 능력을 주십니다.
하나님은 사람들을 동역자로 부르십니다. 그리고 하나님 나라의 일을 맡기십니다. 예수님은 제자들을 부르셔서 사명을 주셨습니

---

[105] 보혜사 곧 아버지께서 내 이름으로 보내실 성령 그가 너희에게 모든 것을 가르치고 내가 너희에게 말한 모든 것을 생각나게 하리라(요 14:26)
[106] 오직 성령의 열매는 사랑과 희락과 화평과 오래 참음과 자비와 양선과 충성과 온유와 절제니 이같은 것을 금지할 법이 없느니라(갈 5:22–23)

다. 예수님의 이름을 전하며 교회를 세우라는 사명이었습니다.[107] 성령님은 이들에게 사명을 감당할 능력을 주시는 분입니다.[108]

제가 처음 신앙생활을 시작했을 때였습니다. 저는 나의 욕심을 위해 성령님께서 능력을 베풀어주시길 원했습니다. 그러나 성령님은 내 욕심대로 능력을 주시지 않았습니다. 이후에야 알았습니다. 성령님은 하나님의 목적대로, 하나님 나라를 위해 능력을 주신다는 것을! 하나님이 보실 때 기쁨이 되는 일을 위해 주시는 능력입니다. 우리의 사사로운 욕심이나 악한 일을 위해 주지는 않으십니다. 참으로 하나님의 사랑의 통로와 도구가 되고자 한다면 믿음으로 능력과 지혜를 구하십시오. 성령님이 필요한 능력을 주실 것입니다.

사명이란 말이 있습니다. 사명이란 내가 이 땅에 사는 동안 감당하라고 하나님께서 내게 맡기신 일입니다. 따라서 내가 반드시 해야 하는 일입니다. 사명을 넓게 이해할 수도 있습니다만, 성경에서는 하나님의 나라, 교회를 세우는 일과 관련된 일을 사명이

---

[107] 그러므로 너희는 가서 모든 민족을 제자로 삼아 아버지와 아들과 성령의 이름으로 세례를 베풀고 내가 너희에게 분부한 모든 것을 가르쳐 지키게 하라 볼지어다 내가 세상 끝날까지 너희와 항상 함께 있으리라 하시니라(마 28:19-20)

[108] 건너매 엘리야가 엘리사에게 이르되 나를 네게서 데려감을 당하기 전에 내가 네게 어떻게 할지를 구하라 엘리사가 이르되 당신의 성령이 하시는 역사가 갑절이나 내게 있게 하소서 하는지라(왕하 2:9) 예수께서 성령의 능력으로 갈릴리에 돌아가시니 그 소문이 사방에 퍼졌고 친히 그 여러 회당에서 가르치시매 뭇 사람에게 칭송을 받으시더라(눅 4:14-15)

라고 합니다.

사명에는 사람을 섬기는 사명과 가르치는 사명이 있습니다. 사람들을 위해 하나님께 기도드리는 사명이 있고 복음을 전하는 사명도 있습니다. 사람들을 위로하며 격려하며 상담해주는 사명도 있습니다. 우리 각자의 사명을 통해 하나님의 나라, 교회가 세워집니다. 사명을 감당하기 위해서는 능력이 필요합니다. 성령님께서 바로 이런 일들을 감당할 능력을 주십니다.

예수님께서 사도들에게 하나님 나라를 전하는 증인이 되라고 하셨습니다. 그 일은 쉽지 않았습니다. 유대인은 예수님을 하나님의 아들로 인정하지 않았습니다. 그들은 전도하는 일을 방해했고 교회를 박해했습니다. 로마제국도 황제에 따라 교회를 박해하기도 했습니다. 제자들은 위축되었습니다. 이런 환경에서 사명을 감당하기엔 내적인 능력이 미약했습니다. 그들은 하나님께 기도를 드렸습니다. 그때 성령님께서 그들에게 담대함을 주셨습니다.[109]

제가 처음 설교를 할 때였습니다. 대상은 초등학교 1-2학년이었습니다. 하나님의 말씀을 전하기 전에 설교단 의자에 앉아 있었는데 가슴이 쿵쾅거렸습니다. 내게 주어진 하나님의 말씀을 잘 전해야 한다는 부담감 때문이었습니다. 설교하기 전에 열심히 기도했습니다. 그런데 설교단에 오르자 놀라운 일이 벌어졌습니다.

---

[109] 예수께서 성령의 능력으로 갈릴리에 돌아가시니 그 소문이 사방에 퍼졌고 친히 그 여러 회당에서 가르치시매 뭇 사람에게 칭송을 받으시더라(행 4:31)

신기할 정도로 떨림이 사라지고 담대함이 생겼습니다. 덕분에 첫 설교를 힘차게 했습니다. 성령님이 주시는 능력이었습니다.

교회에서 봉사하다가 힘이 들 때가 있을 겁니다. 낙심이 찾아올 때도 있습니다. 그럴 때마다 성령님의 능력을 구하십시오. 성령님은 감사와 기쁨의 마음을 주십니다. 이것이 성령님이 주시는 내적 능력입니다.

하나님께서 하나님 나라를 세우기 위해 각 사람에게 주시는 능력을 성경은 은사(gift)라고 소개합니다. 은혜로 주시는 선물이라는 뜻입니다. 은사에는 기능적인 면과 능력적인 면이 있습니다.[110] 성령님께서 각 사람에 따라, 섬김의 방법에 따라 감당할 능력을 주시는 것이 바로 은사입니다.

오늘날 교회는 이전과 달리 감당해야 할 일이 많아졌습니다. 그렇기 때문에 성경에 기록된 은사만이 아니라, 성령님께서 현대 교회에는 더 풍성한 은사들을 주신다고 저는 생각합니다. 요즘 같은 시대에는 행정 능력도 필요합니다. 리더십도 필요합니다. 상담 능력도 필요합니다. 다양한 능력이 요구되는 만큼 성령님께서

---

[110] 은사는 여러 가지나 성령은 같고 … 각 사람에게 성령을 나타내심은 유익하게 하려 하심이라 어떤 사람에게는 성령으로 말미암아 지혜의 말씀을, 어떤 사람에게는 같은 성령을 따라 지식의 말씀을, 다른 사람에게는 같은 성령으로 믿음을, 어떤 사람에게는 한 성령으로 병 고치는 은사를, 어떤 사람에게는 능력 행함을, 어떤 사람에게는 예언함을, 어떤 사람에게는 영들 분별함을, 다른 사람에게는 각종 방언 말함을, 어떤 사람에게는 방언들 통역함을 주시나니(고전 12:4,7-10)

교회를 세우기 위해 주시는 은사도 더 풍성해지리라 생각합니다.

그러므로 하나님께서 그대에게 교회에서 어떤 일을 맡기실 때 걱정하지 마십시오. 하나님께서 사명을 주시면 감당할 능력도 주십니다. 예를 들어 기도의 사명이 있는 사람에게는 방언의 은사를, 전도의 사명이 있는 자에게는 담대함과 가르치는 은사를, 상담해야 하는 자에게는 경청하며 영들을 분별하는 능력을 주실 수 있습니다.

신앙생활은 유유자적하는 것이 아닙니다. 하나님에게 자신을 드리는 생활입니다. 하나님께서 우리를 사용하셔서 하나님 나라를 세우고자 하시기 때문입니다. 그렇게 부르실 때 응답하여 사명을 감당함으로 하나님의 동역자가 되십시오. 성령님께서 함께 하시며 감당할 능력을 주실 것입니다.

━━ 완전한 하나님 나라를 보기까지

하나님은 우리에게 성령님을 주셨습니다. 우리는 성령님을 통해 하나님 나라 백성의 맛을 보며 살게 되었습니다. 그러나 아직 완전하진 않습니다. 우리는 하나님을 완전히 알지 못하고 하나님을 온전히 따르지 못합니다. 유혹과 박해에 믿음이 흔들립니다. 두려움과 염려에 흔들립니다. 세상에는 여전히 죄와 악, 고통과 질병, 죽음이 있습니다.

신앙인은 이미 하나님 나라를 맛보기 시작했으나 아직 완전히 경험하지 못하는 사이에 서 있습니다. 성령님은 그 사이에서 우리를 믿음의 사람으로 살아가도록 도우십니다. 우리가 완전한 하나님 나라를 만나기까지 우리의 믿음을 지키실 것입니다. 그렇게 하심으로써 우리를 천국에 이르도록 도우시는 것입니다. 그러므로 성령님은 우리가 천국에 이를 것이라는 보증(保證)입니다.[111] 마치 아파트를 짓기 전에 분양받을 때 분양계약서를 쓰는 것과 같습니다. 아직 아파트는 완성되지 않았지만, 분양계약서는 우리가 아파트에 들어갈 것을 보증합니다. 우리가 놀이기구를 타기 전에 미리 도장을 받듯이, 천국에 들어갈 것이라는 증거로 성경은 '성령으로 인(印)치심을 받았다'라고 표현합니다.

성령님의 보증과 인치심 같은 말을 통해 우리는 무엇을 알 수 있습니까? 성령님이 우리 안에 계심을 통해 우리가 언젠가 완전한 하나님 나라를 누리게 될 것이라는 사실입니다. 하나님은 이를 위해 성령님을 우리와 동행하게 하셨습니다.

성령님이 신앙생활의 모든 여정을 함께하심을 믿으시기 바랍니다. 성령님이 그대의 삶 속에서 풍성하게 일해주시기를 갈망하

---

[111] 곧 이것을 우리에게 이루게 하시고 보증으로 성령을 우리에게 주신 이는 하나님이시니라(고후 5:5) 그 안에서 너희도 진리의 말씀 곧 너희의 구원의 복음을 듣고 그 안에서 또한 믿어 약속의 성령으로 인치심을 받았으니 이는 우리 기업의 보증이 되사 그 얻으신 것을 속량하시고 그의 영광을 찬송하게 하려 하심이라(엡 1장 13-14)

며, 성령님의 인도를 따라 걸어가십시오.

정리와 나눔

1. 성령님이 나의 안에 거하심을 믿나요?

2. 성령님이 내 안에 계신다고 느낀 적이 있나요?

3. 성령님은 어떻게 나를 하나님의 사람으로 만들어 가실까요?

4. 내가 하나님의 일을 하려고 할 때, 성령님께서 어떠한 능력을 주시길 기대하나요?

10 ● 교회, 신앙생활의 터전

예수님은 사람들을 하나님 나라의 삶으로 초대하셨습니다. 죽으시고 부활하신 후, 예수님을 따른 제자들에게 성령님을 보내셨습니다. 제자들은 성령님의 인도를 받으며 살면서, 하나님을 사랑하며 서로 사랑하는 공동체를 이루려고 분투했습니다. 그것이 하나님이 꿈꾸시던 하나님 나라의 시작이었고, 그것이 바로 교회였습니다. 예수님의 제자들의 신앙생활의 터전이 된 것입니다.

그런데 흔히 '교회' 하면 십자가가 달린 건물을 떠올립니다. 강대상이 있는 무대 전면에 커다란 십자가가 달린 예배당이 생각납니다. 그러나 성경이 말하는 교회는 이 땅에서 시작된 하나님 나라 공동체, 곧 믿는 사람들입니다. 하나님을 섬기며 예수님을 따라 사는 사람들인 것입니다. 성령의 능력으로 살아가며 하나님 사랑과 서로 사랑을 추구하는 사람들입니다. 따라서 교회는 본질적으로 건물이 아니라 하나님의 사람들입니다.[112] 교회 건물은 이들이 함께 하나님의 일을 도모하기 위해 사용하는 공간일 뿐입니다.

신자에게 교회가 필요한 까닭은 교회가 신자들의 신앙생활의 터전이기 때문입니다. 교회를 통해 한 사람의 신앙이 시작되며 하나님의 동역자로 세워집니다. 사실 대부분의 신자는 교회의 전도로 신앙생활을 시작하며 교회의 섬김을 통해 신앙이 성장합니다. 그런 다음 교회의 섬김에 동참함으로써 하나님의 일에 참여합니다. 교회는 신앙생활을 시작한 사람들과 신앙이 성숙해가는 사람들이 서로 섬기며 살아가는 터전이 됩니다. 그러므로 교회에서 하나님을 사랑하는 사람이 되십시오. 세상 어디에서도 하나님의 사랑을 알려주지 않으며, 그 누구도 하나님을 사랑하는 법을 알려주지 않습니다. 교회에서 하나님의 사랑을 알고, 하나님을 사랑하는 사람이 되십시오.

교회에서 서로 사랑하는 사람이 되십시오. 교회는 예수님의 명령을 따라 서로 사랑하려는 사람들의 공동체입니다. 때로는 이기심, 시기, 미움, 분열에 사로잡힐 때도 있습니다. 그럼에도 불구하

---

112 고린도에 있는 하나님의 교회 곧 그리스도 예수 안에서 거룩하여지고 성도라 부르심을 받은 자들과 또 각처에서 우리의 주 곧 그들과 우리의 주 되신 예수 그리스도의 이름을 부르는 모든 자들에게(고전 1:2) 그러나 너희는 택하신 족속이요 왕 같은 제사장들이요 거룩한 나라요 그의 소유가 된 백성이니 이는 너희를 어두운 데서 불러 내어 그의 기이한 빛에 들어가게 하신 이의 아름다운 덕을 선포하게 하려 하심이라(벧전 2:9)

고 이 공동체는 '서로 사랑하라'는 예수님의 말씀이 계속해서 울려 퍼지는 곳이 되어야 합니다. 예수님의 말씀이 푯대가 되어 그 뜻을 이루기 위해 분투하는 공동체이기 때문입니다. 그대가 신앙의 터전인 교회에서 먼저 사랑의 역사를 쓰시면 좋겠습니다.

교회 사람들도 질병에 걸립니다. 실패를 경험하고 문제를 마주할 수 있습니다. 그러나 동시에 하나님의 일하심도 경험합니다. 믿는 자들과 함께 병든 자의 치유를 위해 기도하십시오. 문제가 해결되도록 기도하십시오. 하나님께서 삶에 은혜를 베풀어 주시기를 기도하십시오. 그렇게 함으로써 교회에서 하나님의 일하심을 경험하십시오.

교회는 하나님 나라의 모델하우스입니다. 모델하우스는 아파트가 완전히 지어지기 전에 아파트의 내부 모습을 미리 구경하는 곳입니다. 완전한 아파트는 아니지만 완성될 아파트를 미리 맛볼 수는 있습니다. 우리는 교회에서 완성될 하나님 나라를 먼저 맛볼 수 있습니다. 예배를 통해 하나님 나라의 삶이 무엇인지 맛봅니다. 하나님 사랑, 서로 사랑을 통해 하나님 나라를 맛봅니다. 하나님의 일하심과 돌보심을 맛봅니다.

교회는 모델하우스처럼 세상 속에 하나님 나라를 전시하는 공동체입니다. 이 일을 누가 할 수 있을까요? 어떤 정부기관이나 회사가 감당할 수 있을까요? 교회만이 이 일을 추구합니다. 교회만이 이 일을 꿈꿀 수 있고 감당할 수 있습니다. 이것이 교회의 영적 가치입니다. 따라서 교회는 하나님 나라를 세상에 보여주기 위해 노력해야 합니다.

우리가 사는 이 시대에는 교회의 부정적인 모습이 자주 부각되고 있습니다. 안타깝고 가슴 아픈 일입니다. 저 또한 교회의 목회자요 한 지체로서 그런 부끄러운 모습에 무거운 책임감을 느낍니다. 그러나 이러한 모습으로 인해 생겨나는 또 다른 극단에는 주의해야 합니다. 교회의 어두운 부분이 다소 드러났다고 해서 교회가 필요없다는 말까지 하는 극단적 주장을 하는 건 옳지 않습니다. 이는 교회만이 가지고 있는 영적인 가치를 가볍게 여기는 주장입니다.

불완전한 교회이지만, 그럼에도 불구하고 하나님께서는 여전히 교회를 통해서 사람들을 부르시고 하나님의 사람들로 세우십니다. 그리고 하나님의 일들을 진행하십니다. 그러므로 교회는 여전히 하나님의 도구요 희망입니다. 그런 만큼 교회는 끊임없이 갱신되고 개혁되어야 합니다. 스스로 늘 새롭게 변화되어야 합니다. 하나님 나라를 드러내야 하는 것입니다. 이것이 교회의 사명입니다. 교회가 영적으로 어두울 때 우리가 진정으로 원해야 할 것은 교회가 참으로 바로 세워지는 일입니다.

교회 안에서 하는 일

신앙생활의 터전으로서 교회 공동체 안에서 이루어지는 일이 있습니다. 교회에서는 어떠한 일들이 이루어질까요?

첫 번째, 교회에서는 예배합니다.[113]

예배는 사람이 하나님을 만나는 일입니다. 예배는 하나님이 사람들에게 다가오시는 시간이자 사람이 하나님께 나아가는 시간입니다. 그런 면에서 예배는 교회생활의 중심이라고 할 수 있습니다. 그런데 예배 드리는 순서를 보면, 교회마다 약간씩의 차이는 있지만, 일반적으로 세 부분으로 구성되어 있습니다.

첫째, 하나님께 신앙고백과 찬송과 기도를 드리는 부분입니다. 세상으로부터 우리를 부르시는 하나님께 나아가는 과정입니다.

둘째, 말씀을 통해 우리에게 다가오시는 하나님을 만나는 부분입니다. 우리는 예배에서 성경말씀을 읽습니다. 설교를 통해 하나님의 뜻과 메시지를 듣습니다. 이것이 하나님이 우리에게 말씀으로 다가오시는 부분인데, 성찬(聖餐 : 성찬예식)을 통해 우리에게 다가오시는 하나님을 만나기도 합니다.

성찬이란 예수 그리스도께서 십자가에 달려 돌아가시기 전날

---

[113] 아버지께 참되게 예배하는 자들은 영과 진리로 예배할 때가 오나니 곧 이 때라 아버지께서는 자기에게 이렇게 예배하는 자들을 찾으시느니라 하나님은 영이시니 예배하는 자가 영과 진리로 예배할지니라(요 4:23-24)

행한 의식으로서, 예수님이 제자들과 함께 떡(빵)과 포도주로 식사를 하시면서, 떡처럼 자신의 몸이 찢기고 포도주처럼 붉은 피를 흘리게 되는 일을 기념하라고 하신 일에서 유래합니다. 우리는 예배 때 차려진 떡과 포도주 위에 성령이 임재하시길 먼저 기원합니다. 성찬을 통해 나를 위해 자신을 주셨던 예수님을 다시 경험하는 것입니다. 그리고 주님을 위해 살겠다고 새롭게 결단하며 우리와 함께하시겠다는 주님의 약속을 기억합니다.

　셋째, 하나님께서 우리를 세상으로 보내시는 부분입니다. 우리는 기도와 찬송으로 헌신을 다짐합니다. 세상 속에서 하나님의 말씀대로 살겠다고 결단합니다. 하나님께서는 목회자의 축도(축복기도)를 통해 우리에게 복을 선언하십니다. 세상 속에서 빛과 소금으로 살아가라고 우리를 파송하시는 것입니다.

　예배는 세상으로부터 부름받아 하나님을 만나고, 하나님의 말씀을 받아서 품고 다시 세상으로 나아가는 형태로 진행됩니다. 예배는 그런 과정을 통해 하나님 나라를 미리 맛보는 시간입니다. 예배 속에서 드리는 찬양, 감사, 간구, 회개, 결단, 헌신은 하나님 나라에서 우리가 이루어갈 삶입니다. 예배 속에서 맛보는 하나님의 말씀, 임재, 그리고 예수님이 베푸신 성찬은 하나님 나라에서 우리가 맛볼 일들입니다. 우리는 예배를 통해서 이 땅에서 하나님 나라를 미리 맛보며 하나님 나라를 익힙니다. 더불어 완전한 하나님 나라를 기대합니다.

예배는 하나님을 향하는 교회의 거룩한 노동입니다. 사랑으로 부르시는 하나님께 나아가는 노동이며, 하나님의 말씀을 마음속에 새기는 노동이며, 하나님께 합당한 영광을 돌리는 노동입니다. 이는 세상 무엇보다 거룩한 노동입니다. 하나님은 우리의 거룩한 노동을 기뻐하시며 이 거룩한 노동 가운데 함께하십니다.

하나님은 우리가 예배를 드릴 때 우리를 새롭게 하십니다. 세상살이가 힘들고 신앙생활이 무겁게 느껴질 때, 세상의 유혹에 마음을 빼앗기고 삶의 목적이 흔들릴 때, 말씀을 통해 우리를 조율하십니다. 하나님은 예배를 통해 교회에 하나님 나라를 구현할 지혜와 능력을 주십니다. 예배는 하나님께서 교회를 세우시는 자리입니다. 그런 면에서 예배는 하나님의 백성의 의무이기 이전에 특권입니다. 예배를 통해 하나님의 사람들이 새롭게 되기 때문입니다.

두 번째, 교회에서는 교육합니다.
교회는 가르침과 배움의 터전입니다. 초대교회를 보면 사도들은 새롭게 신앙생활을 시작한 사람들을 가르쳤습니다.[114] 초대교회는 성경을 통해 삼위일체 하나님(성부, 성자, 성령)을 가르쳤고 하나님의 백성들이 어떻게 살아가야 하는지 가르쳤습니다. 사람들

---

[114] 그들이 사도의 가르침을 받아 서로 교제하고 떡을 떼며 오로지 기도하기를 힘쓰니라 (행 2:42)

은 이를 통해 신앙성장을 경험했습니다.

   오늘날에도 교회마다 새신자반, 새가족반, 제자훈련반, 성장반, 사역자반 같은 이름의 수많은 양육 프로그램이 있습니다. 뿐만 아니라 성경통독, 구약이해, 신약이해, 기도학교, 전도학교 등 다양한 교육프로그램이 있습니다.

   교회의 교육을 통해 신앙의 성장을 경험하시기 바랍니다. 명심할 것은, 세상 어디서나 배움은 끝이 없다는 점입니다. 신앙은 더욱 그렇습니다. 하나님의 사람은 영원히 성장해야 합니다. 몇 주간의 교육 과정을 마치고서 '내가 배울 것은 다 끝났다'고 생각하면 안 됩니다. 교회에서 배우는 목적은 지식의 성장을 넘어 내면의 성숙, 하나님과의 영적 친밀함에 이르는 것입니다. 이런 공부는 끝이 없습니다. 신앙의 터전인 교회에서 끊임없이 성숙을 이루어 가십시오. 계속해서 말씀을 배우고 자신을 성찰하고 실천하십시오.

   교회에서 배움을 통해 성장을 경험하셨다면, 또 다른 누군가를 섬겨주십시오. 예수님께서 제자들을 훈련시키고, 훈련된 제자들이 교회에 새롭게 참여한 지체들을 훈련시켰듯이 말입니다.

세 번째, 교회에서는 교제합니다.

교회는 그리스도의 몸입니다. 따라서 한 몸이며 모두가 한 몸의 지체입니다.[115] 몸이 하나 되어 움직이려면 교제가 필요합니다. 믿는 신자들끼리 교제의 시간을 가지고 함께 주님을 따르십시오.

교제는 신앙생활을 견고하게 해줍니다. 한 겹줄은 끊어져도 세 겹줄은 끊어지지 않습니다.[116] 신앙 안에서 서로의 삶을 나누고 서로를 위해 기도해주십시오. 격려하고 응원해주십시오. 교회에서 이러한 교제가 있다면 그 사람의 신앙생활은 안전합니다.[117]

교회는 따뜻한 공동체가 되어야 합니다. 시대가 점점 사람을 외롭게 만들기 때문입니다. 사회의 치열한 경쟁 속에서 사람들은 점점 강퍅해지고 있습니다. 사는 일이 쉽지 않은 때에 진정한 위로와 격려가 그립습니다. 이러한 때에 교회의 교제를 통해 따뜻함을 경험한다면 얼마나 좋을까요? 서로에게 주님의 눈빛이 되고, 주님의 음성이 되고, 주님의 손길이 되면 좋겠습니다. 만나면 서로 따뜻하게 환대하고 따뜻한 시선으로 바라봐주십시오. 경청하고 격려하며 위로해준다면 더욱 좋겠습니다.

---

[115] 우리가 한 몸에 많은 지체를 가졌으나 모든 지체가 같은 기능을 가진 것이 아니니 이와 같이 우리 많은 사람이 그리스도 안에서 한 몸이 되어 서로 지체가 되었느니라(롬 12:4-5)

[116] 한사람이면 패하겠거니와 두사람이면 맞설 수 있나니 세겹줄은 쉽게 끊어지지 아니하느니라(전4:12)

[117] 또 형제들아 너희를 권면하노니 게으른 자들을 권계하며 마음이 약한 자들을 격려하고 힘이 없는 자들을 붙들어 주며 모든 사람에게 오래 참으라(살전 5:14)

교회 밖에서 하는 일

교회는 세상 속에서 해야 할 일이 있습니다. 교회는 세상과 구별된 영적 공동체가 되어야 하지만, 세상과 분리되어선 안 됩니다. 앞에서 누차 강조했지만, 교회는 세상 속에서 하나님 나라를 전시하는 공동체가 되어야 합니다.

성경은 예수님을 교회의 머리라 하고, 교회를 예수님의 몸이라고 합니다.[118] 머리는 예수님이고 몸은 교회입니다. 몸의 사명은 머리의 지시를 따라 움직이는 것입니다. 교회는 예수님이 세상에 계속 계셨더라면 하셨을 일을 해야 합니다. 교회가 세상에서 하는 일, 해야 할 일은 무엇일까요?

첫 번째, 전도합니다.[119]

예수님은 이 땅에 오셔서 하나님 나라를 전하셨습니다. 사람들을 하나님나라로 초대하셨던 것입니다. 그래서 교회는 예수님처럼 전도해야 합니다. 이것이 교회가 세상에 존재해야 할 첫째 이

---

[118] 교회는 그의 몸이니 만물 안에서 만물을 충만하게 하시는 이의 충만함이니라(엡 1:23) 그는 몸인 교회의 머리시라 그가 근본이시요 죽은 자들 가운데서 먼저 나신 이시니 이는 친히 만물의 으뜸이 되려 하심이요(골 1:18)

[119] 오직 성령이 너희에게 임하시면 너희가 권능을 받고 예루살렘과 온 유대와 사마리아와 땅 끝까지 이르러 내 증인이 되리라 하시니라(행 1:8) 너희 마음에 그리스도를 주로 삼아 거룩하게 하고 너희 속에 있는 소망에 관한 이유를 묻는 자에게는 대답할 것을 항상 준비하되 온유와 두려움으로 하고(벧전 3:15)

유입니다. 하나님은 교회를 통해 사람들을 부르십니다. 기업이나 정부기관을 통해 부르지 않으십니다. 오직 교회 공동체를 통해서 부르십니다. 그래서 교회는 하나님의 통로입니다. 이 일을 위해 하나님을 전하는 전도법을 배워보십시오.

전도할 때는 자신의 삶을 간증할 수 있습니다. 간증이란 내가 만난 하나님을 소개하고, 자신이 신앙생활을 경험하기 전과 후의 차이를 이야기해주는 것입니다. 단순하게 신앙의 길로 초대하는 전도지를 건네주어도 됩니다. '사영리'(구원받는 네 가지 영적 원리)라고 하는, 구원에 대해 기본적인 설명을 담은 소책자를 읽어줄 수 있습니다. 신앙생활로 초대하는 신앙서적을 선물로 줄 수도 있습니다.

전도할 때는 전도할 대상을 위해 먼저 기도하십시오. 전도할 때마다 성령님을 의지하십시오. 신앙으로 초대할 사람들은 정말 다양합니다. 살아온 환경과 가진 지식과 품고 있는 감정이 다양합니다. 각기 다른 사람들에게 복음을 전하기란 쉽지 않은 일입니다. 그래서 성령님을 의지해야 한다고 말합니다.[120] 우리가 어떤 사람을 만날 때, 성령님께서 그 사람에게 필요한 이야기를 해줄 수 있기를 기도하십시오. 성령님께서 전도의 지혜를 주시기를 간구하십시오.

---

[120] 이는 우리 복음이 너희에게 말로만 이른 것이 아니라 또한 능력과 성령과 큰 확신으로 된 것임이라(살전 1:5)

전할 주제는 동일해도 전하는 방법은 다양할 수 있습니다. 먼저 삶의 문제부터 이야기할 수 있습니다. 진리를 탐구하는 주제부터 이야기할 수 있습니다. 감정적으로 또는 논리적으로 이야기할 수 있습니다. 때로는 선지자처럼 담대하게 하나님 나라를 선포해야 할 때도 있습니다. 예수님도 누군가에게는 복음을 담대하게 선포하셨습니다. 반면에 누군가에겐 따뜻하게 전해주어야 할 때도 있습니다. 예수님도 사람에 따라 따뜻하게 위로하시며 신앙의 길로 초대하셨습니다.

전도는 한 사람의 영적 소속을 바꾸는 일입니다. 이를 통해 가치관과 세계관이 바뀝니다. 한 사람의 세계가 새로워집니다. 그렇기 때문에 성경에서는 신앙생활을 다시 태어나는 것과 비교합니다. 그것을 '거듭난다'라고 표현합니다.[121] 그래서 전도는 기적의 현장입니다. 한 사람이 영적으로 새로워지고, 새로운 삶이 시작되는 일이기 때문입니다.

'관계전도'라는 말이 있습니다. 한 사람에게 전도하기 위해 좋은 관계를 맺으며 하나님 나라를 전해주는 전도 방법입니다. 최고의 관계전도는 먼저 좋은 이웃, 따뜻한 사람이 되는 것이라고 저는 생각합니다. 전도를 위해 우선 좋은 이웃, 다정하고 따뜻한 사람이 되시면 좋겠습니다. 좋은 이웃이 되는 것, 그것이 관계전

---

[121] 예수께서 대답하여 이르시되 진실로 진실로 네게 이르노니 사람이 거듭나지 아니하면 하나님의 나라를 볼 수 없느니라(요 3:3)

도의 시작이기 때문입니다. 그러자면 한 사람을 가치 있게 여기는 사람, 누구라도 존중하며 따뜻하게 대하는 사람이 되어야 합니다. 전도는 어떤 방법이기 이전에 진심을 담아서 해야 하는 일이기 때문입니다.

전도의 참된 동기는 하나님 사랑입니다. 하나님을 사랑하기에, 그가 지으신 사람을 사랑하기에, 그 사람에게서 하나님의 영광을 보고 싶기에 전도하는 것입니다. 이것이 전도하는 이유입니다.

사람을 향한 사랑이 동기가 되어 전도하는 것도 귀합니다. 그러나 사람을 향한 사랑은 나에게 맞지 않는, 쉽게 말해 내가 싫어하는 사람을 만날 때 흔들릴 수 있습니다. 나와 다른 부분을 보고, 그의 연약함과 부족함을 볼 때도 그럴 수 있습니다. 그러나 하나님을 향한 사랑이 동기가 되어 그분이 붙여주신 사람을 사랑한다면 그 사람의 반응에 상관없이 그를 품을 수 있습니다. 하나님을 사랑하기에 그분이 지으신 사람을 아끼고 사랑하는 것, 그것이 전도의 참된 동기입니다.

두 번째, 봉사합니다.
교회는 섬김의 공동체입니다. 교회 안에서 교인끼리 섬기며, 세상 속에서 세상 사람을 섬기기도 합니다. 교회는 섬김을 통해 세상에 하나님 나라를 전시합니다. 세상을 향한 영적 섬김이 전도라면, 사회봉사와 구제(가난한 사람을 돕는 일)는 육체적 섬김이라 할 수 있습니다. 세상의 연약한 부분에 관심을 기울이는 일입니다. 이를 통해 세상 속에 하나님 나라가 전시됩니다. 하나님은 이를 기뻐하십니다.

하나님께서는 이스라엘 공동체에게 나그네와 고아와 과부를 아끼라고 하셨습니다.[122] 당시 남성 중심의 경제사회 속에서 나그네, 고아, 과부는 경제적 주체를 잃은 사회적 약자들이었습니다. 하나님이 이와 같은 사회적 약자를 돌보라고 명하신 것입니다. 예수님께서도 이 땅에 계실 때 주로 사회적 약자들에게 다가가셨습니다.[123] 메시야가 걸어갔던 길은 왕궁의 진입로가 아니라 갈릴리의 척박한 골목이었습니다. 메시야가 세상에서 취했던 신분은 궁중의 왕이 아니라 갈릴리의 하급 노동자였습니다. 예수님의 발자취는 오늘의 교회가 누구에게 관심을 가지며 어떻게 섬겨야 하는지를 보여줍니다.

교회는 섬김(봉사)을 통해 하나님 나라를 보여주어야 합니다. 교회가 사회를 닮아 세상 속에서 군림하려 할 때, 교회는 늘 타락과 쇠락의 길을 걸었습니다. 그러나 교회가 사회를 섬기려 할 때,

---

[122] 너는 객이나 고아의 송사를 억울하게 하지 말며 과부의 옷을 전당 잡지 말라 … 네가 밭에서 곡식을 벨 때에 그 한 뭇을 밭에 잊어버렸거든 다시 가서 가져오지 말고 나그네와 고아와 과부를 위하여 남겨두라 그리하면 네 하나님 여호와께서 네 손으로 하는 모든 일에 복을 내리시리라(신 24:17,19)

[123] 맹인이 보며 못 걷는 사람이 걸으며 나병환자가 깨끗함을 받으며 못 듣는 자가 들으며 죽은 자가 살아나며 가난한 자에게 복음이 전파된다 하라(마 11:5)

교회는 서로 군림하려는 사회 속에서 잔잔한 반향을 일으켰습니다. 교회가 걸어가야 할 길은 섬김, 봉사입니다.

세 번째, 사회 속에서 하나님 나라의 가치를 추구합니다.
하나님께서 기뻐하시는 가치들이 있습니다. 공의, 정의, 평화, 사랑, 자유, 공존, 섬김 등입니다. 이는 하나님의 말씀이 지향하는 가치들입니다. 교회는 세상 속에 하나님이 귀하게 여기시는 가치들에 대해 이야기할 필요가 있습니다. 이러한 가치들이 사회 속에 좀더 구현되도록 이야기하고 수고할 필요가 있습니다.

흔히 교회는 사회의 정치와 거리를 두어야 한다고 말합니다. 그러나 사회와 정치에 문제가 있을 때는 교회가 그에 대해 성경에 따른 가치 기준에서 비판적인 입장으로 말할 수도 있습니다.

교회가 성경이 말하는 하나님나라의 가치들을 사회에 왜 이야기해야 할까요? 교회가 어떤 정치 체제를 구현하려는 목적 때문이 아닙니다. 인간의 노력으로 이상적인 사회를 만들어 보고자 하는 낭만적인 생각이나 사회운동도 아닙니다. 이유는 단 하나입니다. 공의와 정의 같은 가치들이 하나님께서 추구하는 아름다운 가치들이기 때문입니다.

우리가 살고 있는 세상이 그런 가치들을 추구하지 않고 있다면, 하나님의 백성에겐 한 가지 갈망이 생깁니다.

'이 세상이 하나님이 기뻐하시는 가치가 이루어지는 세상이 되

었으면 좋겠다.'

다시 말하면 세상이 하나님 나라가 되면 좋겠다는 갈망입니다. 이런 갈망이 교회로 하여금 세상에서 하나님이 기뻐하시는 가치들을 말하게 합니다. 세상에 조금이라도 더 하나님 나라의 가치가 구현되길 바라기 때문입니다.

정리와 나눔

1 교회는 무엇이라고 생각하나요?

2 교회는 가치는 무엇에 있을까요?

3 교회 안에서 행하는 일들은 무엇이 있나요? 그 일의 유익에 대해 함께 나눠 보십시오.

4 교회 밖에서 행하는 일들은 무엇이 있나요? 그 일의 유익에 대해 함께 나눠 보십시오.

3
그대의 신앙생활은
하나님을 '따라가기'입니다

11 ● 하나님께서 그대를 부르십니다

신앙생활의 한 축은 신앙의 대상이신 하나님을 알아가는 것입니다. 또 다른 한 축은 신앙의 대상으로 알게 된 하나님을 믿고 따라가는 삶입니다. 그렇다면 하나님을 따르는 생활은 어떻게 시작될까요? 하나님이 그대를 부르시는 것으로 시작됩니다. 이것을 '부르심'이라고 말합니다. 하나님은 하나님 나라의 삶을 시작하라고 우리를 부르십니다. 이후 더 깊은 헌신의 삶으로 부르십니다.

▬ 부르심으로 하나님을 따르는 삶이 시작됩니다

성경에 나타나는 하나님은 사람을 부르시는 하나님이십니다. 구약성경에서는 그 첫 번째 예가 아브라함입니다. 하나님은 아브라함을 신앙의 여정으로 부르셨습니다.[124] 이집트로부터 이스라엘을 해방시키는 사람으로 사용하시려고 모세를 부르셨습니다.[125] 신약성경에서 부르심의 예는 예수님이 제자들을 하나님 나라를 이루어가는 일에 동역자로 부르신 것입니다.[126]

저는 신앙생활을 하지 않던 사람이었습니다. 그러나 어느 순간 하나님께서 부르셔서 신앙생활을 시작했습니다. 시간이 지나 좀 더 깊은 헌신을 하게 된 것도 하나님의 부르심 때문이었습니다.

그렇다면 하나님은 우리를 어떻게 부르시는 걸까요? 이것이 궁금하지 않으신가요? 저는 참 궁금했습니다. 하나님이 어떻게 우리를 부르시고 인도하시는지 알고 싶었습니다. 무엇이 하나님의 부르심인지 분별하며 그 부르심에 응답하며 살고 싶었기 때문입니다. 그래서 하나님이 부르시는 방법을 탐구했습니다. 시간이 흘러 두 가지 결론을 내렸습니다.

첫째, 하나님의 부르심은 신비라는 사실입니다. 하나님이 한 사

---

124 여호와께서 아브람에게 이르시되 너는 너의 고향과 친척과 아버지의 집을 떠나 내가 네게 보여 줄 땅으로 가라(창 12:1)

125 이에 모세가 이르되 내가 돌이켜 가서 이 큰 광경을 보리라 떨기나무가 어찌하여 타지 아니하는고 하니 그 때에 여호와께서 그가 보려고 돌이켜 오는 것을 보신지라 하나님이 떨기나무 가운데서 그를 불러 이르시되 모세야 모세야 하시매 그가 이르되 내가 여기 있나이다(출 3:3-4)

126 갈릴리 해변에 다니시다가 두 형제 곧 베드로라 하는 시몬과 그의 형제 안드레가 바다에 그물 던지는 것을 보시니 그들은 어부라 말씀하시되 나를 따라오라 내가 너희를 사람을 낚는 어부가 되게 하리라 하시니(마 4:18-19)

람을 부르실 때 사용하는 방법은 참으로 신비롭고 다양합니다. 그래서 부르시는 방법을 하나의 보편적 이론으로 만들기는 불가능합니다. 다만 우리는 하나님께서 사람을 부르시는 신비로운 섭리(하나님이 일하시는 방법) 앞에 경외감을 가져야 합니다. 하나님의 지혜는 사람의 지혜보다 큽니다.

둘째, 하나님이 부르시는 방법에는 보편성이 있습니다. 부르심의 방법은 다양해서 신비하지만, 보편적 방법이 아예 없는 것은 아닙니다. 부르심의 신비한 방법들을 다 헤아릴 수 없지만, 하나님께서 보편적으로 사용하시는 방법을 알 필요는 있습니다. 하나님의 부르심에 잘 응답하기 위함입니다.

하나님은 사람을 부르실 때 보편적으로 두 가지 통로를 사용하십니다. 하나는 '우리 밖', 다른 하나는 '우리 안' 입니다.

우리 밖에서 부르심

하나님은 우리 밖에서 우리를 부르십니다. 우리 밖에서 부르시는 이유가 무엇일까요? 사람이 혼자 하나님을 더듬어 찾을 수 없기 때문입니다. 세상이 시작되었을 때, 첫 사람이 타락한 후부터 세상은 영적 무지에 빠지게 되었습니다. 자신을 지으신 하나님을 알지 못하는 존재가 된 것입니다. 결국 외부에서 하나님에 대한 소식을 들어야 했습니다.

우리가 살고 있는 세상에는 하나님의 살아계심을 나타내는 흔적이 많습니다. 복잡한 우주가 한 치의 오차 없이 움직이고 있다는 점, 복잡한 사회가 매일 돌아가고 있다는 점에서 하나님의 손길을 발견할 수 있습니다. 사람 안에 있는 근원적 존재를 향한 막연한 갈망, 선에 대한 의식을 보아도 알 수 있습니다.

세상에 이토록 하나님의 흔적이 많지만, 사람은 여전히 영적 무지 속에 살아갑니다. 하나님을 알지 못하는 것입니다.[127] 영적인 감각이 발달한 사람도 더러 있습니다. 이들은 하나님의 존재를 미루어 짐작해보기도 합니다. 그러나 한계가 있습니다. 사람은 밖에서부터 하나님에 대한 지식이 전달되기 전까지는 하나님을 알지 못합니다. 하나님의 존재는커녕 그분이 어떤 분인지, 무엇을 꿈꾸고 계시는지, 역사 속에 어떠한 일을 행하셨는지, 우리에게 어떤 삶을 원하시는지 알 수 없습니다. 그래서 사람에겐 하나님의 계시(啓示)가 필요합니다. 계시란 감추어졌던 것을 드러내 보여주는 일입니다. 하나님께서 감춰졌던 자신을 드러내 보여주셔야 사람은 하나님을 알 수 있습니다.

그러면 하나님께서는 우리 밖에서 무슨 통로로 우리를 부르실

---

[127] 창세로부터 그의 보이지 아니하는 것들 곧 그의 영원하신 능력과 신성이 그가 만드신 만물에 분명히 보여 알려졌나니 그러므로 그들이 핑계하지 못할지니라 하나님을 알되 하나님을 영화롭게도 아니하며 감사하지도 아니하고 오히려 그 생각이 허망하여지며 미련한 마음이 어두워졌나니(롬 1:20-21)

까요? 구약성경을 보면 하나님은 선택하신 사람에게 영으로 임재하셨습니다. 그들에게 어떤 음성이나 영적인 환상을 보여주셨던 것입니다. 그들은 그렇게 외부로부터 듣게 된 하나님의 메시지를 사람들에게 전했습니다. 그런 사람을 구약의 선지자들이라고 부르는데, 하나님은 그들을 통해 사람들을 부르셨습니다.

신약성경을 보면 하나님은 하나님의 아들, 예수님을 보내셨습니다. 예수님을 통해 사람들을 부르셨고, 예수님이 죽으시고 부활하신 후에는 성령님과 그를 따르던 제자(사도)들을 통해 사람들을 부르셨습니다.[128] 이로 말미암아 형성된 공동체가 교회입니다. 오늘날 교회는 예수님께서 사람을 부르실 때 사용하시는 통로입니다. 이제 하나님은 교회의 사역을 통해 사람들을 부르십니다. 그래서 교회의 전도는 세상 사람들에게 밖에서 들리는 하나님의 부르심이 됩니다.[129] 물론 하나님은 지금도 우리가 헤아릴 수 없는 다양하고 신비하고 특별한 방법으로 부르기도 하십니다. 하지만 하나님이 우리를 부르시는 가장 보편적인 방법과 통로는 교회입니다.

---

[128] 주께서 사랑하시는 형제들아 우리가 항상 너희에 관하여 마땅히 하나님께 감사할 것은 하나님이 처음부터 너희를 택하사 성령의 거룩하게 하심과 진리를 믿음으로 구원을 받게 하심이니 이를 위하여 우리의 복음으로 너희를 부르사 우리 주 예수 그리스도의 영광을 얻게 하려 하심이니라(살후 2:13–14)

[129] 하나님의 지혜에 있어서는 이 세상이 자기 지혜로 하나님을 알지 못하므로 하나님께서 전도의 미련한 것으로 믿는 자들을 구원하시기를 기뻐하셨도다(고전 1:21)

교회가 참으로 하나님의 통로가 되기 위해 명심해야 할 것이 있습니다. 하나님께서 사람을 부르시는 목적입니다. 하나님은 사람들이 참다운 하나님 나라 백성이 되기를 원하십니다.[130] 따라서 교회가 하나님의 부르심의 통로로 참되게 쓰임받기 위해서는 하나님 나라를 바로 알고 전해야 합니다.

구약의 선지자들이 전한 것은 하나님 나라였습니다. 그들은 하나님에 대해 전할 뿐 아니라, 하나님께서 하나님의 나라를 세우려 하시니 이 일에 참여하라는 메시지를 전했습니다. 선지자들이 전한 메시지를 읽어보면, 그들이 하나님의 통로였음을 알 수 있습니다.

신약의 교회도 마찬가지입니다. 예수 그리스도가 하나님의 아들로서 하나님 나라를 이루려 하신다는 메시지를 전했습니다. 예수님을 따르는 일이 곧 하나님 나라에 참여하는 일이라고 했습니다. 그들은 사람들을 하나님의 백성이 되도록 불렀던 것입니다.

교회에서 신앙생활을 하다 보면 영적으로 신비한 체험을 했다는 사람을 볼 수 있습니다. 저는 그대 또한 그런 영적 체험을 할 수 있기를 바랍니다. 그런데 간혹 신비한 체험을 했다는 사람이 오히려 교회와 신앙생활을 혼란하게 만들기도 합니다. 이 때문에

---

[130] 그들이 날짜를 정하고 그가 유숙하는 집에 많이 오니 바울이 아침부터 저녁까지 강론하여 하나님의 나라를 증언하고 모세의 율법과 선지자의 말을 가지고 예수에 대하여 권하더라 (행 28:23)

신비 체험을 부정적으로 보는 경우도 있습니다. 하나님이 주신 것이 아닐 가능성이 있다는 뜻입니다. 그렇다면 자신이 경험한 영적 체험이 하나님께로부터 온 것인지 어떻게 알 수 있습니까? 그 체험이 궁극적으로 하나님 나라에 참여하게 하는 것인지 살펴보면 됩니다. 그것이 영적으로 분별하는 방법입니다. 하나님이 주시는 신비 체험이라면 당연히 하나님 나라에 유익해야 하기 때문입니다.

세상에는 좋은 이야기가 많고 좋은 일을 같이 하자는 요청이나 제안도 많습니다. 그러나 그 모든 것을 하나님의 부르심의 통로라고 말하지 않습니다. 하나님 나라에 참여하는 일과 관련이 없을 수 있기 때문입니다. 하나님의 꿈은 하나님 나라를 이루는 것입니다. 그것이 사람에게 가장 필요하고 복된 일이기에 우리를 그 일로 부르십니다.

설교자가 성경 말씀을 근거로 하나님 나라에 참여하도록 부르고 있다면, 이는 하나님의 부르심입니다. 전도자가 하나님의 용서를 전하며 하나님 나라에 참여하기를 권면한다면, 이는 하나님의 부르심입니다. 신앙생활을 시작한 사람에게도 마찬가지입니다. 그가 하나님 나라 백성으로 세워지도록 그에게 누군가 성경 말씀으로 권면하고 요청하고 있다면 하나님의 부르심이라고 생각하면 됩니다. 하나님을 따르는 삶은 이렇게 우리 밖에서 요청되는 하나님나라에 대한 부르심에서부터 시작됩니다.

우리 안에서 일하심

하나님은 우리 안에서, 즉 우리의 내면에서도 일하십니다. 성령님이 우리의 외부에서 전달되는 메시지를 통해 우리 안에서 일하시는 것입니다. 우리 내면에서 하나님이 일하시는 흔적은 세 가지입니다.

첫 번째, 하나님의 말씀에 대한 이해, 즉 깨달음입니다.[131]
성령님은 우리 내면에 깨달음을 주십니다. 깨달음은 하나님의 흔적이며 선물입니다.[132] 예수님의 사도였던 바울은 자신이 전한 것이 하나님이 자신에게 계시하신 것이라고 말합니다.[133] 바울은 원래 예수가 하나님의 아들이라는 것을 깨닫지 못하고 살았습니다. 그러나 하나님께서 그에게 예수가 하나님의 아들이심을 깨닫게 하셨습니다. 더불어 바울은 자신 안에 일어났던 깨달음의 체험이 다른 사람들 안에도 체험되기를 기도했습니다.[134]

우리가 인생의 어느 순간에 하나님이 살아계신 분이라는 사실

---

[131] 우리가 세상의 영을 받지 아니하고 오직 하나님으로부터 온 영을 받았으니 이는 우리로 하여금 하나님께서 우리에게 은혜로 주신 것들을 알게 하려 하심이라(고전 2:12)
[132] 악인은 정의를 깨닫지 못하나 여호와를 찾는 자는 모든 것을 깨닫느니라(잠 28:5)
[133] 이는 내가 사람에게서 받은 것도 아니요 배운 것도 아니요 오직 예수 그리스도의 계시로 말미암은 것이라(갈 1:12)
[134] 능히 모든 성도와 함께 지식에 넘치는 그리스도의 사랑을 알고 그 너비와 길이와 높이와 깊이가 어떠함을 깨달아 하나님의 모든 충만하신 것으로 너희에게 충만하게 하시기를 구하노라(엡 3:18-19)

을 깨닫게 되었다면, 이는 성령님이 우리 안에서 일하신다는 흔적입니다. '하나님은 이런 분이구나'라는 깨달음, 하나님이 하신 일에 대한 깨달음, 하나님이 내게 원하시는 것이 무엇인지에 대해 깨달음이 하나님의 흔적입니다. 우리 안에서 이런 일을 하시는 분이 성령님이십니다. 성령님의 일하심으로 말미암아 우리는 하나님 말씀을 읽거나 들을 때 깨닫게 됩니다. 때로는 어떤 상황 속에서 듣고 읽었던 말씀이 기억납니다. 이해하지 못했던 말씀이 이해가 됩니다. 이는 성령님이 행하시는 신비의 영역입니다.

두 번째, 감정적 변화입니다.

성령님은 우리 안에서 감정의 변화를 일으키십니다. 시편을 읽어 보면 주의 말씀을 읽을 때 말씀을 즐거워하고 사랑하는 마음이 생겼다고 고백합니다.[135] 신약성경을 보면 베드로가 예수 그리스도를 따르는 성도들의 마음속에 일어난 한 가지 사건에 주목합니다. 그들은 예수님을 직접 보지 않았지만 예수님을 사랑하게 되었습니다. 그분을 따르는 것을 즐거워하게 된 것입니다.[136] 그들은 단지 예수님에 대해 들었을 뿐이지만 성령님께서 그들의 내면

---

[135] 주의 율례들을 즐거워하며 주의 말씀을 잊지 아니하리이다 … 내가 주의 법을 어찌 그리 사랑하는지요 내가 그것을 종일 작은 소리로 읊조리나이다(시 119:16,97)

[136] 예수를 너희가 보지 못하였으나 사랑하는도다 이제도 보지 못하나 믿고 말할 수 없는 영광스러운 즐거움으로 기뻐하니(벧전 1:8)

안에 일하셨기 때문입니다.

성령님은 우리의 감정을 변화시키십니다. 그러므로 참된 신앙생활은 감정을 배제하지 않습니다. 바르고 선한 것을 사랑하는 감정은 참된 신앙의 특징입니다. 다만 감정의 강도나 현상은 사람마다 다를 수 있습니다. 기독교 역사를 보면 지나치게 감정에만 치우치는 것을 경계하기도 했습니다. 바르고 이성적인 깨달음과 실천이 함께해야 하기 때문입니다. 그래서 우리의 감정이 무엇을 향하고 있는지가 중요합니다.

성령님은 사람의 감정의 방향을 조정하십니다. 죄와 유혹과 허탄한 일을 사랑하는 감정이라면 세상에 속한 것입니다. 그러나 하나님 나라, 공의와 정의, 진리와 긍휼이라는 가치를 사랑한다면 하나님이 인도하신 감정입니다. 그대가 하나님의 뜻대로 사는 것을 좋아하게 되었다면, 하나님의 인도를 받고 있는 중입니다. 하나님께 속한 것을 기뻐하고 즐거워한다면, 이는 성령님이 그대의 감정에 역사하신 흔적인 것입니다.

세 번째, 영적 갈망입니다.

우리 안에 다양한 갈망이 일어나는데, 그중에는 하나님께로 향하고자 하는 갈망, 하나님의 뜻에 순종하고자 하는 영적 갈망이 있습니다. 하나님께 회개하려는 갈망, 하나님을 의지하려는 갈망, 하나님께 순종하려는 갈망입니다. 기도하려는 갈망, 전도하려는 갈망 등입니다. 이 모든 것이 우리를 부르시고 우리 안에서 일하시는 하나님의 흔적이며 부르심입니다.

그대가 하나님께 순종하고픈 갈망이 생겼다면, 이는 성령님이 그대의 내면에서 영적으로 행하신다는 흔적입니다. 성경을 보면 하나님께서 사람들에게 그런 영적 갈망을 일으키셨습니다.

다윗이 광야에서 고난당하고 있을 때였습니다. 다윗의 마음속에 하나님의 도우심을 구하고 싶은 영적 갈망이 일어났습니다.[137] 사람이 고난당할 때 하나님을 향하고 싶어하는 갈망만 생기는 것이 아닙니다. 생명을 포기하고 싶은 갈망도 생깁니다. 술에 취해 현실을 잊고 싶은 갈망도 생깁니다. 그런데 다윗에게는 하나님께 나아가고 싶은 영적 갈망이 일어났습니다. 그는 이전에 '하나님이 우리의 도움이시라'라는 말씀을 들었을 것입니다. 성령님께서 다윗이 고난당할 때 다윗의 내면에서 그 말씀을 생각나게 하시고 하나님을 의지하고픈 갈망을 일으키셨습니다. 그래서 다윗은 성소(聖所), 곧 하나님께 예배드리는 장소로 갔고, 그곳에서 주를 찬송하고 주의 말씀을 묵상했습니다. 그리고 주 안에서 어려움을 극복할 수 있다는 확신을 가지게 되었습니다.

예수님의 대표 제자 베드로 사도가 유대인에게 설교했을 때였습니다. 베드로는 유대인이 죽인 예수님이 부활하셔서 하나님의

---

[137] 하나님이여 주는 나의 하나님이시라 내가 간절히 주를 찾되 물이 없어 마르고 황폐한 땅에서 내 영혼이 주를 갈망하며 내 육체가 주를 앙모하나이다(시 63:1)

아들이심이 증명되었으니 그분을 십자가에 못 박은 것을 회개하라고 하였습니다. 이에 유대인들의 마음에 '아, 우리가 뭔가 중대한 실수를 했구나'라는 찔림이 생겼습니다. 그들은 "우리가 어찌해야 하느냐?"고 사도에게 물었습니다.[138] 구원에 대한 갈망이 일어났던 것입니다. 그런 영적 갈망이 그들을 회개로 인도하였습니다. 그대에게도 그러한 영적 갈망이 일어나기를 바랍니다.

정리와 나눔

1 내가 경험했던 하나님의 부르심은 무엇일까요?

2 내가 알아차리지 못했던 내 밖의 하나님의 부르심은 무엇일까요?

3 내가 알아차리지 못했던 내 안의 하나님의 부르심은 무엇일까요?

4 하나님의 부르심에 응답하기 위해 어떠한 삶의 태도가 필요할까요?

---

138 그들이 이 말을 듣고 마음에 찔려 베드로와 다른 사도들에게 물어 이르되 형제들아 우리가 어찌할꼬 하거늘(행 2:37)

12 　그대는 부르심을 듣고 결단합니다

하나님의 부르심을 가볍게 생각하면 안 됩니다. 하나님의 부르심은 사람들 사이에서 주고받는 부르심과 응답과 다르기 때문입니다. 이것은 왕의 부르심에 비유할 수 있습니다. 한 나라의 왕이 자신을 등지며 살아온 사람을 찾아가 그를 용서하고 나랏일에 참여해보지 않겠느냐는 부르심처럼 생각해야 합니다. 하나님께서는 오늘 그대에게도 하나님 나라를 세우시려는 꿈을 알려주십니다. 그 꿈의 주도자가 누구인지, 어떻게 진행되어왔는지, 어떻게 마무리될 것인지 알려주십니다. 심지어 그 일에 참여할 기회까지 주십니다. 그 기회를 주실 때는 이렇게 말씀하시고 부르십니다.

"나를 따르라."

부르심에 어떻게 응답할 것인가?

하나님의 부르심 앞에 그대가 보여야 할 반응은 무엇일까요? 다른 말로, 신앙생활의 첫걸음은 무엇이어야 할까요? 결단입니다. 하나님의 부르심에 감사하며, 하나님을 섬기며, 하나님을 알아가고, 알게 된 하나님을 믿고 따르겠다는 결단입니다.

구약성경에서 아브라함은 하나님의 부르심을 받았습니다.

"내가 너를 통해 큰 민족을 이루겠다. 내가 너에게 보여줄 땅으로 가라."

이에 아브라함은 결단했습니다. 하나님이 보여주실 땅으로 발걸음을 내디딘 것입니다.

하나님은 모세와 이스라엘 백성에게도 나타나셨습니다.

"내가 애굽에서 종살이하던 너희를 건져냈다. 이제 내가 너희의 하나님이 되고, 너희는 나의 백성이 되어 하나님 나라를 이루고자 한다. 이를 따르겠느냐?"

이에 모세와 이스라엘 백성이 하나님을 섬기며 그의 말씀대로 살기를 결단했습니다.

신약시대에는 예수님이 제자들을 부르셨습니다.

"나를 따르라."

이에 어부이거나 각자의 일을 하던 제자들은 그물 같은 생업의 수단을 버려두고 예수님을 따르기로 결단했습니다. 예수님을 하나님의 아들로 믿고 따르며, 예수님이 선포하신 하나님 나라의 백성으로 살겠다고 결단한 것입니다.

　예수님이 부활하신 후, 교회는 사람들을 불렀습니다. 사도들은 예수님에 대해 설교하고 그들을 구원의 길로 초청했습니다. 이 복음의 메시지를 들은 사람들은 예수님을 따르기로 결단했습니다. 부활의 주님을 모시고 주님이 다시 오심을 기다리며, 주님 앞에서 경건하게 살아가겠다고 결단했습니다.

　하나님을 따르겠다는 결단에는 헌신과 책임이 요구됩니다. 하나님의 부르심에 따라 주님을 따르기로 결단했다면, 그대가 감당해야 할 일들이 있습니다.

　한 나라가 전쟁을 하려면 전쟁을 통해 얻고자 하는 것이 명확해야 합니다. 전쟁을 통해 잃을 것도 생각해야 합니다. 전쟁은 그렇게 모든 손익을 파악한 후에 시작됩니다. 전쟁을 시작하기란 그만큼 쉽지 않은 것입니다. 일단 전쟁을 시작하면 나라에 상당한 영향을 미칩니다. 제가 신앙생활의 시작을 전쟁의 시작에 비유한 이유는 신앙생활의 결단이 결코 가벼운 일이 아니기 때문입니다.

　하나님께서는 사람을 부르실 때, 늘 다음의 두 가지를 함께 알려주셨습니다. 하나는 하나님의 백성들이 받을 '복'이었고 다른 하나는 감당해야 할 '책임'이었습니다. 구약시대에 하나님의 백성은 하나님의 백성으로서 백성답게 살겠다는 결단을 해야 했습니다. 이에 따라 하나님의 은혜와 돌보심을 받을 것이라는 약속 또한 받았습니다. 이는 하나님의 백성에게 놀라운 복이었던 동시에 하나님의 계명을 지키며 세상 속에서 구별된 백성으로서 살아가야 할 책임도 부여받은 것입니다.

신약시대에 예수님을 따르기로 결단한 사람들은 예수님의 십자가를 통해 죄를 용서받았습니다. 성령이 그 사람 안에 거하시기 시작했고 영원한 나라를 약속받은 것은 놀라운 복이었습니다. 동시에 예수님을 따르기 위해 자기 십자가를 지는 책임도 있었습니다. 신앙적 결단 때문에 감당할 일도 있었습니다.

당시 그리스도인들은 신앙 때문에 세상의 박해를 당했습니다. 특히 초대교회 시절 유대인이 예수님을 주로 고백하고 따르면 여전히 예수님을 부인하는 유대인들에게 박해를 당해야 했습니다. 유대인은 예수님을 하나님의 아들로 인정하지 않았기 때문입니다. 그런 상황에서 대표적인 유대인이었던 바울이 예수님을 따르기로 결단하고 예수님의 복음을 전했습니다. 이후 몇몇 유대인들은 바울이 가는 곳마다 따라다니며 바울이 전도하는 일을 방해했습니다. 예수님을 따르겠다는 결단은 그로 인해 생기는 어려움도 감당하겠다는 결단을 포함한 것입니다.

제가 한 학생을 만난 적이 있습니다. 그의 가정에는 신앙이 없었지만, 그는 하나님을 예배하며 신앙생활을 정말 좋아했습니다. 아직 신앙이 없던 부모는 이를 탐탁지 않게 여겼습니다. 그가 교회 가려 할 때마다 "가지 말라"고 했습니다. 이는 그에게 큰 부담이었습니다. 우리나라에는 종교 선택에 자유가 있지만, 그 학생처럼 개인 사정에 따라 감당해야 할 어려움이 있습니다. 신앙생활로 얻는 것이 있지만, 감당해야 할 것도 있는 겁니다. 그런 점에서 신앙생활의 결단은 아무것도 모르고 하는 것이 아닙니다.

예수님은 사람들에게 신앙생활의 유익만 잔뜩 소개하지 않으셨습니다. 신앙생활의 결과도 이미 알려주셨습니다. 지나치다 싶을 정도로 자신을 따르게 될 때 감당해야 할 것을 자주 말씀하셨습니다. 그것이 바로 각자가 감당해야 할 십자가라고 말씀하셨습니다.[139] 예수님은 진실하게도 모든 것을 알려주셨던 것입니다. 예수님께서 우리에게 듣기 원하시는 대답은 "그럼에도 불구하고 결단하고 따르겠느냐?"는 것입니다. "나를 따를만한 가치를 발견했느냐?"를 묻고 계십니다. 예수님을 따르는 신앙생활에서 감당해야 할 책임보다 더 나은 가치를 발견한 사람은 얼른 결단하고 기쁨으로 따릅니다.

그대는 영적 삶의 가치를 아시나요? 눈에 보이는 세상의 덧없음을 아시나요? 이 세상의 덧없음과 더불어 하나님 나라 백성으로 살아가는 삶의 가치를 안다면 신앙생활을 잘 하리라고 결단할 것입니다. 앞으로 경험하게 될 영원한 하나님 나라를 믿는 사람이라면 결단합니다. 그러므로 하나님 나라의 가치를 발견한 사람은 결단할 수 있습니다. 결국 결단은 가치관의 문제입니다.

---

[139] 아무든지 나를 따라오려거든 자기를 부인하고 날마다 제 십자가를 지고 나를 따를 것이니라(눅 9:23)

> 누구든지 제 목숨을 구원하고자 하면 잃을 것이요. 누구든지 나를 위하여 제 목숨을 잃으면 구원하리라. 사람이 만일 온 천하를 얻고도 자기를 잃든지 빼앗기든지 하면 무엇이 유익하리요 _누가복음 9:24-25

그대에게는 예수님을 따라야만 하는 이유가 있나요? 그것을 발견했나요? 발견하시면 좋겠습니다. 예수님은 이와 관련하여 땅속에 묻힌 보화 이야기를 해주셨습니다.

> 천국은 마치 땅 속에 감추인 보화와 같으니 사람이 이를 발견한 후 숨겨두고 기뻐하며 돌아가서 자기의 소유를 다 팔아 그 밭을 사느니라 _마태복음 13:44

그대는 주님을 따름으로써 감당해야 할 십자가의 무게보다 더 가치있고 중요한 보물을 발견하셨나요? 하나님의 아들 예수님, 그분이 약속하신 천국, 이 보화의 가치를 발견한 사람은 고난을 감수하고서라도 결단합니다.

그러면, 우리가 감당해야 할 십자가의 무게보다 중한 것은 무엇인가요?

첫째, 하나님 자신입니다. 그대를 부르시는 분이 참으로 하나님이시라면, 그분을 따를 때 감당할 것이 고난이라 한들 문제가 될 수 있을까요? 내가 따르려는 사람이 가치 있는 사람이라면, 그를 따를 때 감당할 책임과 헌신은 문제가 되지 않습니다. 그런데 하나님은 전능하사 천지를 창조하신 분입니다. 우리를 위해 아들을 내어주시기까지 사랑하신 아버지이십니다. 그러한 하나님께서 우리를 부르십니다. 함께 일하길 원하십니다. 참으로 따를만하고 영광스러운 부르심입니다.

둘째, 하나님이 예비하신 영원한 나라입니다. 믿음의 사람들은 눈앞에 있는 어려움보다 다가올 영광을 주목했습니다. 하나님께서 우리에게 주실 영원하고 완전한 나라가 있습니다. 그 나라를 바라보십시오. 바울은 자신이 마주할 박해보다 주님이 주실 면류관에 마음을 두고 살았습니다. 그것을 바라보며 믿음의 경주를 했습니다.

나를 부르신 이가 하나님이십니다. 그 부르심은 축복입니다. 나를 용서하시고, 나와 함께 하나님 나라를 이루어가고자 하시는 것이며, 영원한 복을 예비하셨기 때문입니다. 그러하기에 하나님을 따르기로 결단하는 일은 그 무엇보다 가치 있습니다. 이를 깨닫고 주를 따르기로 결단할 때, 비로소 진정한 의미에서 신앙생활이 시작된 것입니다.

신자의 참된 결단을 위해, 교회는 예수님이 제자들에게 하신 것처럼 말씀의 진리를 있는 그대로 정직하게 알려주어야 합니다. 진실을 대면하게 하고, 무엇이 더 중요한 가치인지 생각할 수 있도록 도와주어야 합니다. 신자가 감당해야 할 책임도, 신자가 받을 영광도 분명히 알려 주어야 합니다. 교회가 책임과 영광 중 한쪽만 강조하거나, 결단을 급하게 유도하는 것은 좋지 않습니다. 눈 가리고 아웅하듯 허울뿐인 신자를 만들 수도 있기 때문입니다. 이것이 신자의 영적 순례의 길에 교회가 안내자와 동반자가 되는 방법입니다.

결단의 두 가지 요소, 비움과 채움

신앙생활을 하겠다는 결단에는 두 가지 요소가 포함되어 있습니다. 비움과 채움입니다.

첫째, 비움은 기독교 언어로 '회개'입니다. 사람들이 '회개'와 관련해 오해하는 것이 있습니다. 후회를 회개라고 착각하는 것입니다. 기독교는 '그동안 내가 잘못 살았지, 이렇게 살면 안 되는데' 하는 후회를 회개라고 말하지 않습니다. 그건 말 그대로 후회입니다. 물론 회개는 후회에서 시작할 수 있습니다. 그러나 회개는 그 이상입니다. 참 회개는 살아오던 방식의 방향을 전환하는 것입니다. 지금까지 걸어온 발걸음을 멈추고, 새로운 방향으로 발걸음을 돌리는 일입니다. 그동안 추구하던 세상의 가치관을 비우는 일입니다. 세상의 가치관으로 살았던 삶의 방식, 태도, 습관을 바꾸는 일입니다. 마음으로 품고 몸으로 행했던 덕스럽지 못한 일들을 그만두는 것입니다. 이런 회개는 주를 따르겠다는 결단의 한 요소입니다.

둘째, 채움은 기독교 언어로 하면 '믿고 따름'입니다. 새로운 방향으로 걸어가기 시작하는 일입니다. 회개만 강조하면 영적 진공

상태에 빠질 수 있습니다. 성경이 이전 것을 버리라고 말씀한 데는 이유가 다 있습니다. 새것을 취하기 위함입니다. 버릴 것을 다 버렸다면 무엇을 채워야 할지를 알아야 합니다. 새것이란 하나님이 주시는 말씀이요 새로운 삶의 방식입니다.

그런데, 사람들이 기독교를 오해하는 경우가 많아 보입니다. 교회에서는 하지 말라는 것이 많다는 것입니다. 이것도 하지 말라, 저것도 하지 말라고 한다고 불평합니다. 그러나 그것은 기독교 가르침의 일부일 뿐입니다.

기독교에서 무언가를 하지 말라고 하는 데는 이유가 있습니다. 정말 가치 있고 좋은 것을 실천하기 위한 준비 작업입니다. 예를 들어 무가치한 일에 돈 쓰는 일을 중지하라는 이유는 정말 가치 있는 일에 돈을 쓰기 위함입니다. 무가치한 일에 사용되는 시간을 중지하자는 이유는 영원 앞에서 가치 있는 일에 시간을 쓰기 위함입니다. 무가치한 일에 건강을 소진하지 말라는 이유는 정말 좋은 일에 건강을 사용하기 위함입니다. 사람들이 다 가려는 높은 자리만 탐하지 말라는 이유는 예수님의 사랑이 필요한 낮은 곳도 가보기 위함입니다. 돈에, 사람에, 명예에, 감정에 휘둘리지 말자고 하는 이유는 하나님께 휘둘리고 싶어서입니다.

하나님으로 채움, 하나님의 뜻으로 채움, 하나님의 말씀으로 채움, 이것이 주를 따르겠다는 결단의 한 요소인 믿고 따름입니다. 그러므로 예수님이나 사도들이 사람들을 결단으로 초대할 때는 비움과 채움이라는 두 가지를 늘 같이 요청했습니다.

> 때가 찼고. 하나님의 나라가 가까이 왔으니 회개하고 복음을 믿으라
> _마가복음 1장 15절

> 베드로가 이르되 너희가 회개하여 각각 예수 그리스도의 이름으로 세례를 받고, 죄사함을 받으라 그리하면 성령의 선물을 받으리니
> _사도행전 2장 38절

> 너희는 이 세대를 본 받지 말고 오직 마음을 새롭게 함으로 변화를 받아 하나님의 선하시고 기뻐하시고 온전하신 뜻이 무엇인지 분별하도록 하라
> _로마서 12장 2절

> 너희는 유혹의 욕심을 따라 썩어져가는 구습을 따르는 옛사람을 벗어버리고 오직 너희의 심령이 새롭게 되어 하나님을 따라 의와 진리의 거룩함으로 지으심을 받은 새사람을 입으라 _에베소서 4장 22–24절

회개가 비움이고 예수님을 따름이 채움입니다. 이 세대를 본받지 않는 것이 비움이고 하나님의 선하신 뜻을 분별하는 것이 채움입니다. 옛사람을 비우고 새사람을 채웁니다. 이렇게 하나님을 섬기는 결단은 비움과 채움이라는 요소를 가집니다. 그래서 예수님은 신앙생활을 거듭나는 일에 비유하셨습니다. 신앙생활을 시작한 사람을 "거듭났다"고 표현한 것입니다. 이전의 삶의 방식을 버리고, 마치 태어난 것처럼 새로운 사람이 되었다는 말입니다.

결단이란 사실 부르심이라는 장엄한 은혜 앞에서 "아멘"(믿습니

다, 동의합니다)을 외치는 것입니다. 장엄한 은혜의 파도가 몰려올 때, 그 파도의 흐름에 몸을 맡기는 일입니다. 은혜의 파도가 집안 가득 차도록 마음의 문을 여는 일입니다. 말하자면 하나님께 나를 온전히 맡기고 하나님의 인도를 따르는 것입니다. 내가 그동안 붙잡고 있던 허망한 것들을 놓아버리고 하나님의 손에 붙잡히고, 나도 하나님의 손을 붙잡는 일입니다. 그것이 신앙생활의 결단입니다.

이 결단을 통해 하나님께서는 우리의 삶 속에 예비하셨던 일들을 진행하십니다. 그동안 마음과 말과 행동으로 하나님의 말씀을 어긴 죄들을 예수님의 십자가를 근거로 용서해주십니다. 우리를 예수 안에서 의로운 자로 여겨주십니다.[140] 하나님과 평화가 시작됩니다.[141] 하나님께서는 우리를 예수님과 연합된 하나님의 아들 딸로 받아주십니다. 우리를 하나님의 가족, 백성으로 받아주십니다.[142] 하나님의 백성으로서 살아갈 수 있도록 성령님을 보내주십

---

[140] 그리스도 예수 안에 있는 속량으로 말미암아 하나님의 은혜로 값 없이 의롭다 하심을 얻은 자 되었느니라(롬 3:24)

[141] 그러므로 우리가 믿음으로 의롭다 하심을 받았으니 우리 주 예수 그리스도로 말미암아 하나님과 화평을 누리자(롬 5:1)

[142] 영접하는 자 곧 그 이름을 믿는 자들에게는 하나님의 자녀가 되는 권세를 주셨으니 이는 혈통으로나 육정으로나 사람의 뜻으로 나지 아니하고 오직 하나님께로부터 난 자들이니라(요 1:12-13)

니다.[143] 성령님의 도우심으로 참 믿음을 가지게 하십니다. 하나님을 더 명확히 알아가게 하십니다. 나를 향한 하나님의 뜻을 깨닫게 하십니다. 하나님의 뜻대로 살 수 있는 영적, 내적인 힘을 경험하게 하십니다. 새로운 마음과 태도와 성품을 형성하게 하십니다. 완전한 하나님 나라를 꿈꾸게 하십니다. 하나님의 일을 감당할 수 있는 은사를 맛보게 하십니다. 하나님의 돌보심과 도우심을 경험하게 하십니다. 기도응답을 경험하게 하십니다. 하나님께서 함께하심을 깨닫고 담대한 마음, 평안한 마음을 가지게 하십니다.

결단은 이러한 하나님의 일하심을 맛보게 해주는 관문입니다.

세례, 연합이 확고해지는 예식

신앙생활을 결단할 때, 기독교에서는 결단을 표현하고 공개하는 중요한 의식이 있습니다. 그것이 세례입니다. 기독교 신앙에 입문하는 예식인 것입니다.[144] 하나님을 섬기고 예수 그리스도를 따르며, 성령 안에서 하나님 나라를 지향하며 교회의 일원으로 살겠

---

[143] 요한은 물로 세례를 베풀었으나 너희는 몇 날이 못되어 성령으로 세례를 받으리라 하셨느니라(행 1:5)

[144] 또 이르시되 너희는 온 천하에 다니며 만민에게 복음을 전파하라 믿고 세례를 받는 사람은 구원을 얻을 것이요 믿지 않는 사람은 정죄를 받으리라(막 16:15–16)

다는 결단의 예식입니다.

　세례의 방법은 교단마다 다른데, 대부분의 개신교회는 목사가 손에 물을 찍어 머리에 적시는 것으로 세례의식을 진행합니다. 침례교의 경우는 호수나 수영장에서 신자의 몸 전체를 잠깐 물에 담갔다 나오게 합니다. 방법은 서로 다르지만, 세례는 이전의 불경건과 불의의 삶을 물로 씻고 새로운 삶으로 일어난다는 결단의 예식입니다. 비움과 채움의 예식인 것입니다.

　세례를 받는 신자의 입장에서 보면 세례는 이제부터 그가 하나님을 섬기며, 예수 그리스도를 따르며, 성령 안에서 하나님 나라를 지향하며, 교회의 일원으로 살겠다는 믿음을 선언하는 시간입니다. 하나님의 관점에서는 이 사람의 죄를 용서하며, 하나님의 백성으로 삼으시며, 은혜와 사랑 속에 인도해가실 것이라고 선언하는 복된 시간입니다. 교회 공동체의 입장에서는 세례 받는 사람을 교회의 일원으로 받아들이는 환대의 시간입니다. 이 사람이 온전한 하나님의 사람으로 서기까지 섬기며 돕겠다는 다짐의 시간입니다. 기존 신자와 동일한 믿음의 사람으로 인정하며, 앞으로 함께 울고 웃으며 신앙의 삶을 이루어가겠다는 포용의 시간이기도 합니다.

　세례식은 신자가 신앙생활을 시작하겠다는 내적 결단이 세례 예식에 참여함으로 외적으로 표현되는 시간입니다. 결과적으로 세례를 통해 예수님과 사람 사이에, 사람과 사람 사이에 연합이 일어납니다.[145] 예수님과 연합되고, 믿음의 공동체와 연합되는 것입니다.

결단은 엄중히 언약하는 일입니다

구약성경에서 하나님은 이스라엘 백성과 언약을 맺었습니다. 언약은 이해하기 쉬운 말로 하면 약속입니다. 물론 언약과 약속은 조금 차이가 있습니다. 일반적인 약속이 상호 동등한 관계에서 맺는 것이라면 언약은 주로 상하관계에서 맺어집니다. 언약은 약속보다 좀더 무게 있고 중요하다는 이미지가 있습니다.

고대의 언약은 주로 강대국과 약소국 사이에 이루어졌습니다. 강대국은 도움이 필요한 약소국에게 그들을 보호해줄 것을 약속합니다. 약소국은 강대국의 요청에 신실하게 응답할 것을 서약합니다. 그러면서 그들 사이에 언약이 맺어지는 것입니다. 언약을 맺은 후, 동물을 갈라 피가 흘러내리는 사이로 양측의 대표자가 걸어갑니다. 언약을 파기할 경우 그에 따른 책임을 자신의 피, 곧 죽음으로 지겠다는 약속의 상징입니다. 서로 생명을 걸고 서로에

---

[145] 그러므로 우리가 그의 죽으심과 합하여 세례를 받음으로 그와 함께 장사되었나니 이는 아버지의 영광으로 말미암아 그리스도를 죽은 자 가운데서 살리심과 같이 우리로 또한 새 생명 가운데서 행하게 하려 함이라 만일 우리가 그의 죽으심과 같은 모양으로 연합한 자가 되었으면 또한 그의 부활과 같은 모양으로 연합한 자도 되리라(롬 6:4-5)

게 신실하자는 엄중한 의식입니다.

구약에서 하나님은 이스라엘 백성과 언약 관계를 맺으셨습니다.[146] 하나님께서 이스라엘 백성의 하나님이 되셔서 그들을 인도하시고 복 주시겠다는 약속을 하셨습니다. 이에 이스라엘 백성은 하나님의 명령에 순종하며, 거룩한 백성, 제사장 백성으로서 살겠다고 약속했습니다. 이 약속 앞에 서로 신실해야만 했습니다. 오늘날 우리가 예수 그리스도 안에서 하나님의 백성으로 살아가겠다는 결단을 할 때도 이처럼 신실해야 합니다. 친구끼리 장난처럼 맺는 약속과 차원이 다릅니다.

우리가 신앙생활을 하면 여러 유혹이 있을 수 있습니다. 마음속에 의심이 차오를 때도 있습니다. 싫증을 느끼고 마음이 느슨해질 때도 있습니다. 그때 우리는 약속을 기억해야 합니다. 처음의 결단을 붙잡고 다시 일어서야 합니다. 그래서 우리에게 늘 기도가 필요합니다. 하나님의 도우심이 필요합니다. 결단 이전에도 하나님의 은혜가 필요했지만, 결단 이후에도 하나님의 은혜는 늘 필요합니다.

그대는 신앙생활의 결단에 대해 알고 나니 어떠한 생각이 드시

---

[146] 모세가 피를 가지고 반은 여러 양푼에 담고 반은 제단에 뿌리고 언약서를 가져다가 백성에게 낭독하여 듣게 하니 그들이 이르되 여호와의 모든 말씀을 우리가 준행하리이다 모세가 그 피를 가지고 백성에게 뿌리며 이르되 이는 여호와께서 이 모든 말씀에 대하여 너희와 세우신 언약의 피니라(출 24:6-8)

나요? 신앙생활이 누군가의 강요로 억지로 할 일이 아니지요? 생각 없이 대충 시작할 일도 아닙니다. 하나님의 부르심 앞에서 진지한 고민과 기도 속에, 하나님의 인도하심 가운데 해야 할 일입니다. 이 땅에서의 삶뿐만 아니라 영원의 운명을 결정짓는 일이기 때문입니다. 우리를 향한 하나님의 복된 부르심에 믿음의 결단으로 응답하시길 바랍니다.

정리와 나눔

1. 신앙생활로 인해 받을 복과 감당해야 할 책임은 각각 무엇일까요?

2. 결단의 두 가지 요소는 무엇일까요?

3. 내 삶에서 비워야 할 것은 무엇일까요(생각, 말, 행동)?

4. 내 삶에서 채워야 할 것은 무엇일까요?

4. 결단의 기도를 드리십시오.

TO YOU WHO BEGIN FAITH

13 그대는 조율하며 성장합니다

신앙생활을 시작한 후, 이전에 발견할 수 없던 갈망이 제 안에 나타났습니다.

"나 주님의 기쁨 되기 원하네."

복음성가의 가사이기도 한 갈망이었습니다. 제가 청소년 예배를 드릴 때, 그곳에서 "나 주님의 기쁨 되기 원하네"라는 찬양을 처음 접했습니다. 그 후로 이 찬양의 가사는 저의 갈망이 되었습니다. 하루는 이 찬양이 너무 좋아 한 자리에서 거의 100번 이상 반복해 부르기도 했습니다. 이 찬양이 수록된 테이프를 샀고 테이프가 늘어날 때까지 들었습니다. 이 찬양은 저에게 단순한 노래가 아니었습니다. 제 영혼의 갈망이었기 때문입니다. 그 갈망의 표현이자 분출이었고 노래로 표현된 기도였습니다.

"내가 원하는 한 가지, 주님의 기쁨이 되는 것."

신앙생활을 시작한 지 얼마 되지 않아 신앙생활에 대해 아는 것보다 모르는 것이 많던 때였지만, 할 수만 있다면 하나님의 기쁨이 되고자 했습니다. 그 갈망이 저를 변화시켰습니다. 후에 생각하니, 그것은 제가 하나님께 조율되기 위한, 쉬운 말로 하나님께 맞춰지려는 갈망이었습니다.

── 하나님께 조율되려는 갈망

하나님의 사람은 하나님께 조율되어야 합니다. 하나님께서는 사람에게 하나님께 조율되려는 갈망을 심으십니다. 사람마다 이를 표현하는 방법은 다를 수 있는데, 저는 "하나님께 기쁨이 되기 원합니다"라고 표현했던 것입니다. 어떤 사람은 "하나님의 뜻을 행하고 싶어졌고, 하나님 마음에 들고 싶어졌고, 하나님과 하나가 되고 싶어졌습니다"라고 표현할 수 있습니다. 고백은 다르지만, 모두 하나의 갈망을 표현하고 있습니다. 나의 삶을 하나님이 원하시는 방향으로 이끌고 싶다는 갈망, 바로 조율에 대한 갈망입니다. 신앙생활이란 이처럼 하나님을 기준 삼아 나를 조율해가는 삶입니다. 다른 관점에서 하나님께서 나를 조율해 가시는 것으로 볼 수 있습니다.

신앙생활은 능동과 수동의 신비로운 연합 속에서 이루어집니다. 우리는 그 신비를 다 알 수 없습니다. 부름 받은 나는 나대로 하나님께 조율되기 위해 애쓰는 것이 마땅합니다. 우리를 부르신 하나님께서는 하나님의 시간표와 방법에 따라 우리를 조율하십니다. 우리는 이 능동과 수동의 신비 사이에서 하나님께 맞춰 갑니다.

저는 기타를 연주할 줄 압니다. 기타를 치기 전에 반드시 하는 일이 줄의 음을 맞추는 조율(調律)입니다. 조율되지 않은 기타는 소리를 엉망으로 냅니다. 줄이 늘어나 있거나 지나치게 당겨져 있으면 원하는 소리가 나오지 않습니다. 당연히 연주도 엉망이 됩니다. 그래서 기타를 치기 전에 늘 조율기를 이용해 기타를 조율해야 합니다.

조율기 앞에서 기타 줄을 치면 조율기가 그 줄이 내는 음을 표시해줍니다. 그 줄이 본래 내야 할 소리에서 얼마나 차이가 나는지 보여주는 것입니다. 그 표시에 따라 줄을 풀거나 더 감으면 비로소 바른 음이 납니다. 그런 다음에야 아름다운 연주가 가능합니다.

사람이 하나님의 뜻에 조율돼 있지 않으면 그의 삶에 하나님이 기대하시는 소리(생각, 말, 행동)를 낼 수 없습니다. 그러나 하나님께 조율되기 시작하면 삶이 하나님 앞에 아름다운 노래가 됩니다. 부르심받은 자, 부르심에 결단으로 응답한 사람이 해야 할 일은 하나님께 자신을 조율해가는 일입니다.

하나님 뜻에 조율되는 법

예수님은 제자들에게 기도를 가르쳐 주셨습니다. 그 기도의 첫머리는 조율을 위한 기도였습니다.

"뜻이 하늘에서 이루어진 것 같이 땅에서도 이루어지이다."

저는 이 기도를 따라 다음과 같이 기도합니다.

"하나님의 뜻이 하늘에서 이루어진 것 같이, 나의 삶에서도 이루어지길 원합니다."

인생을 기타에 비유한다면, 인생을 조율하는 조율기는 무엇일까요? 하나님의 말씀입니다.[147] 인생의 조율은 하나님의 말씀, 곧 하나님의 뜻에 나를 맞추는 일입니다. 하나님의 말씀을 따라 하나님을 섬기십시오. 하나님의 말씀을 따라 하나님과 동행하십시오. 하나님께서 명하시는 길을 따라 하나님께 나아오십시오. 하나님의 말씀을 따라 진정 가치 있는 일을 추구하십시오.

자연과 사람들과의 관계를 하나님의 말씀을 따라 조율하십시오. 이기적으로 나만 알던 사람에서 하나님이 지으신 세계의 가치를 아는 사람으로, 물질문명만 알던 사람에서 창조된 자연환경도 돌보는 사람으로, 개인만 알던 사람이 공동체의 가치를 아는 사람으로, 하나님이 지으신 한 사람의 존귀함을 아는 사람으로, 하나님의 성품인 공의와 공평, 자비와 사랑 안에서 공존을 추구

---

[147] 주의 말씀은 내 발의 등이요 내 길에 빛이니이다(시 119:105)

하는 사람이 되어 가십시오. 이 모든 것이 하나님께 조율되는 과정이며 하나님 뜻에 우리를 조율하는 것입니다.

조율의 기준은 하나님의 말씀, 곧 성경입니다. 말씀을 통한 조율은 좁았던 나의 세계가 확장되는 과정입니다. 하나님은 말씀과 성령의 일하심을 통해 나를 넓히십니다. 이전의 나를 깨뜨려 세상을 초월하게 하십니다. 나의 시선을 초월하여 하나님의 시선에, 하나님의 마음으로 나와 세상을 바라보게 됩니다. 그래서 참된 신앙생활에는 자기 깨어짐, 변화, 초월이 반드시 나타납니다. 조율은 거룩한 자기 변화를 이룹니다.

기독교 신앙을 가졌다고 해서 하루아침에 완전한 사람이 되지는 않습니다. 그러나 참된 기독교 신앙을 가졌다면 한 가지 현상이 분명히 나타날 것입니다. 바로 하나님으로 인한 자기 변화입니다. 이는 그 사람이 참되게 신앙생활을 하고 있다는 증거입니다. 신앙생활은 하나님을 바로 알고 이를 믿고 따르는 삶인데, 이것이 하나님께 점점 조율되는 삶으로 나타나기 때문입니다. 그러므로 조율되어야 할 삶의 영역은 교회생활을 넘어서야 합니다. 내가 속한 가정, 일터, 일상 속에서 만나는 모든 관계, 내가 하는 모든 일이 하나님의 말씀을 따라 조율되어야 합니다.

내 삶에 다가오신 하나님께서는 나의 영적 변화를 통해 생각과 가치관의 변화까지 일어나길 원하십니다. 나의 삶의 전 영역이 하나님께 조율되기를 원하시는 것입니다. 내가 가진 세계관과 가치관을 기반으로 세워지는 삶의 목적, 목표가 조율되기를 원하십니다. 그 목표를 이루기 위해 시간, 재정, 인간관계, 건강, 업무 등이 조율되기를 원하십니다. 이와 같이 조율의 영역을 점점 확장시켜가는 삶이 신앙생활입니다.

하나님께 조율될수록 이 삶은 더 온전해지고 풍요롭게 됩니다. 내적으로 외적으로 건강해집니다. 그러므로 신앙생활을 잘하면 참 좋은 사람이 됩니다. 영과 생각과 삶이 건강해지기 때문입니다. 신앙생활을 하면 할수록 가정과 사회 속에서 "저 사람이 신앙생활하더니 이상해졌네"가 아니라 "저 사람이 신앙생활하더니 참 좋은 사람이 되었네"라는 말을 듣게 됩니다. 이런 과정을 기독교 신학 용어로 성화(聖化)라고 합니다. 성화는 세상과 구별되어 거룩하신 예수님을 닮아가는 것을 말합니다.

── 조율을 위해 하나님의 말씀을 대면하라

그렇다면 우리가 조율을 위하여 삶에서 실천해볼 수 있는 일이 무엇일까요?

첫 번째, 말씀을 통한 조율입니다.

사람은 배움을 통해 성장합니다. 배움을 통해 자신을 새롭게 형성하기도 합니다. 어린아이는 스스로 성장하지 않습니다. 누군가의 이야기를 듣고 누군가의 행동을 보면서, 영향을 받으며 성장합니다. 한 사람의 세계가 넓어지는 것은 늘 배움을 통해서입니다. 외부로부터 새로운 메시지나 지식이 들어온 것을 건강하게 소화할 때 우리는 새로운 가치관을 형성하게 됩니다. 그래서 조율은 성장의 과정입니다. 이를 위해 우리는 하나님의 말씀을 배워야 합니다. 하나님께서는 말씀으로 우리를 조율하시기 때문입니다.

말씀을 배우기 위해, 신앙생활을 시작할 때부터 다른 무엇보다 예배 참여를 중요하게 여기시기 바랍니다. 특히 예배에서 하나님의 말씀을 전하는 설교를 경청하시기 바랍니다. 설교를 듣는 중에 중요한 요점은 노트에 적어보십시오. 궁금한 부분은 나중에 설교자에게 물어보십시오.

개인적으로는 성경을 읽고 묵상하고 연구하는 시간을 가지십시오. 교회에서 주일 또는 주중에 하는 그룹 성경공부와 묵상모임, 양육 프로그램 등에 참여하면 더 많은 유익을 얻을 수 있습니다. 성경을 배우는 과정을 통해 하나님을 알 수 있습니다.

성경을 볼 때, 하나님의 말씀과 행동을 살펴보십시오. 이를 통해 하나님을 알고 하나님의 가치관과 세계관을 알고, 하나님께서 우리에게 원하시는 삶이 무엇인지도 발견하십시오. 우리가 무엇을 할 때 기뻐하시는지, 무엇을 할 때 안타깝게 생각하시는지 알아보십시오. 신앙생활의 모델, 즉 성경 속 위인들의 삶은 어떠했는지, 반대로 부정적인 모델로 여겨지는 사람들은 어떠했는지도 살펴보십시오.

성경에는 하나님께서 우리에게 원하시는 삶에 대해 전반적으로 표현되어 있는데, 구약의 십계명을 중심으로 한 율법에 나타나 있고 예수님께서 제자들에게 주신 가르침에도 나타나 있습니다. 사도들이 교회에 보낸 서신서에서도 삶과 신앙생활에 대해 다룬 부분이 많으니 서신서를 보면 좀더 분명히 알 수 있을 것입니다.

두 번째, 성찰의 시간을 통해 조율합니다.

타종교인이나 종교를 가지고 있지 않은 사람들도 시간을 내어 자신을 돌아보곤 합니다. 자신이 걸어온 삶의 궤적을 살펴보고, 앞으로 걸어갈 삶에 대해 생각하는 것입니다. 이것이 성찰, 곧 자신을 돌아보는 것입니다.

그렇다면 기독교와 비기독교의 성찰은 무슨 차이가 있을까요? 하나님의 말씀의 유무, 곧 하나님 말씀을 통해 성찰하느냐 그렇지 않으냐의 차이입니다. 그리스도인은 하나님의 말씀을 기준으로 자신의 삶을 돌아봅니다. 단순히 하나님의 말씀을 읽고 이해하는 것으로 끝난다면 삶에 아무 영향도 줄 수 없습니다. 말씀을 기준으로 자기 삶을 돌아보아야 합니다. '나는 이 말씀대로 살고 있는가?' 이 질문에 답해야 합니다.

성경을 읽는 이유는 지식을 채우기 위함만이 아닙니다. 이를 넘어 나를 변화시키고 새롭게 만들어가기 위함입니다. 이를 위해 성경을 보고, 성경에 기초한 메시지를 듣고, 성찰의 시간을 가지는 것이 필요합니다.

성경을 읽고 그 뜻을 헤아려본 후, 성경의 메시지를 나의 삶에 적용해보십시오. 나의 삶이 하나님의 말씀이 가르치는 방향과 일치되고 있는지 살펴보십시오. 만약 어긋나 있다면 어떻게 해야 하는지 성찰해보십시오.

언젠가 한 TV프로그램에서 하는 이야기를 흥미롭게 들었습니다. 민주주의를 지지하는 사람은 나라가 민주적이어야 한다고 주장합니다. 그런 그가 정작 자신의 가정이나 일터에서는 독재적으로 살 수 있다는 이야기였습니다. 자신의 의견만 옳다고 주장할 수 있기 때문입니다. 그래서 모든 것을 자신의 뜻대로만 하려고 할 수 있습니다. 이런 상황이 왜 벌어질까요? 자신을 돌아보는 성찰이 없기 때문입니다.

신앙생활을 할 때도 비슷한 현상이 나타날 수 있습니다. 말로는 하나님의 말씀대로 살아야 한다고 이야기하면서도 나의 실제 삶은 하나님의 뜻과 상관없이 흘러갈 수도 있습니다. 성찰의 시간이 없을 때, 나의 삶이 말과 다르게 흘러갈 수 있기 때문입니다.

저는 설교자로 살아가면서 성찰이 없는 것이 얼마나 위험할 수 있는지 경험했습니다. 설교자로서 성경, 경건서적, 신학서적 등을 보다가 이런 생각을 합니다. '와, 이거 참 좋은 내용이다. 우리 교우들이 들으면 좋겠다.' 그런데 여기서 한 가지 과정, 곧 저 자신이 성찰하는 과정이 생략됐을 때 저의 영혼은 피폐해졌습니다. 정작 저 자신은 그 내용을 기준으로 나의 삶을 성찰해보지 않았던 것입니다. 그러므로 설교자 개인이 먼저 그 메시지 앞에 서야 합니다.

이는 설교자만의 문제가 아닙니다. 성도들도 마찬가지입니다. 설교를 듣고 성경을 배울 때마다 성찰의 시간을 가져야 합니다. 그 말씀과 내가 어떠한 관계를 맺고 있는지 살펴보는 것입니다. 그런 성찰의 시간을 놓치고 만다면 성찰하지 않는 설교자와 같은 현상이 일어날 수 있습니다. 그 메시지에 동의할 수 있고 남에게 이야기해줄 수도 있습니다. 그러나 성찰의 시간을 통해 자신에게 그 메시지를 먼저 전달하지 않는다면, 자신은 정작 하나님의 뜻과 멀어질 수 있습니다.

성찰하는 삶을 위해 시간을 내십시오. '성찰노트'를 만들어 하나님의 말씀을 읽고 깨닫게 된 것, 나의 생각과 삶에 변화를 주어야 할 것을 적어보십시오. 이런 성찰의 노력을 통해 우리는 하나님께 조율될 수 있습니다.

세 번째, 기도를 통해 조율합니다.

처음 기도를 접하는 분들을 보면 기도를 소원 성취를 위한 도구로 알고 계시는 경우가 많습니다. 아마도 이런 생각은 우리나라의 뿌리 깊은 무속신앙과 연관된 것으로 보입니다. 물론 기도는 하나님께 자신의 필요를 아뢰는 것이기도 합니다. 인간의 삶에는 늘 결핍이 있기 때문입니다. 이를 하나님과의 관계에서 해결하려는 노력은 신앙적입니다. 이런 기도는 성경에도 많이 나옵니다.

  그러나 기도를 통해 누릴 수 있는 유익은 이보다 더 풍성합니다. 기도를 통해 우리는 하나님께 조율될 수 있습니다. 기도는 하나님의 뜻과 일치되기 위한 과정이기 때문이며 하나님 앞에서 나를 조율하기 위한 애씀입니다. 그런 의미에서 기도는 하나님의 인도와 내 영혼의 분투가 만나는 일입니다.

  그러면 기도는 어떻게 하는 것이고 어떤 방법이 있을까요?

  첫째, 회개기도입니다. 하나님께 마음과 삶을 돌이키는 기도입니다. 우리는 하나님의 말씀을 통해 하나님이 원하시는 삶의 방향을 알았지만 그 방향대로 살아가지 못할 때가 있습니다. 이를 깨달았을 때 "하나님, 나를 용서하여 주옵소서. 새로운 삶을 살기를 원합니다" 하는 회개기도를 드리십시오. 회개기도는 나를 돌이켜 하나님의 뜻으로 향하는 첫걸음이 됩니다.

  둘째, 간구기도입니다. 하나님의 도우심을 간절히 구하는 기도입니다. 내 마음은 하나님께 기쁨이 되고 싶지만 내면에서 다른 마음과 다툼이 벌어질 때 영적 강건함을 구하십시오. 두려움과 염려가 나를 지배할 때는 담대함을 간구하십시오. 세상의 유혹이 나를 지배하려 할 때는 성결의 영을 구하십시오. 특별한 외적인 저항이 있을 때는 하나님의 도우심을 구하십시오. 하나님의 일을 이루어가는 과정에서 난관에 부딪쳤을 때도 도움을 구하십시오. 막힌 길을 열어주시기를, 다양한 어려움에서 구원해주시기를 간구하십시오.

셋째, 감사와 찬양을 드리는 기도입니다. 말씀을 통해 하나님께서 나를 인도하신 흔적을 발견했다면, 나의 삶이 하나님의 뜻과 점점 일치되는 부분이 생겼다면 감사와 찬양을 드리십시오. 감사와 찬양은 나의 삶 속에서 하나님의 흔적을 발견하게 해주며 신앙생활을 행복하게 만들어줍니다.

네 번째, 교회 공동체를 통해 조율합니다.
하나님은 교회 공동체를 통해서 사람을 빚으십니다. 산속에 들어가서 하루 종일 성경만 읽고 기도만 하면 하나님의 사람이 될까요? 이론상으론 그럴 수 있을 것 같은데, 실제로는 그렇지 않습니다. 하나님께서는 공동체를 통해 사람을 조율하시기 때문입니다.

사랑에 관한 성경 말씀을 읽고 간절히 기도하니 이미 사랑의 사람이 된 것 같습니다. 하지만 정말 내가 사랑의 사람이 되었는지 안 되었는지 어떻게 알 수 있을까요? 사람들과 부딪치며 살아봐야 알 수 있습니다. 공동체에서 영적 실상이 드러나는 것입니다.

교회는 신앙생활을 하는 사람들의 모임, 곧 공동체입니다. 교회 공동체에는 갓 신앙생활을 시작한 사람부터 오랫동안 신앙생활을 해온 사람까지 정말 다양한 사람들이 있습니다. 그렇기 때문에 교회 공동체 속에선 다양한 갈등이 일어날 수 있습니다. 그런 갈등을 신앙 안에서 잘 풀어가면 신앙이 성장합니다. 신앙의 성숙은 소란한 공동체 속에서 부서지고 깨지고 무너지면서 이루어집니다.

 하나님만 의지하며 살겠다고 눈물 흘리며 다짐할 때는 이미 하나님만을 의지하는 사람이 된 것 같습니다. 하지만 정말 내가 그렇게 되었는지는 공동체 안에서 일하고 관계를 맺을 때 드러납니다. 나의 경험과 생각과 계획을 의지하는지, 하나님의 도우심을 의지하는지, 공동체에서 모두 드러납니다. 그러므로 공동체를 떠나지 마십시오. 공동체는 나를 세우고 조율하시는 하나님의 터전입니다.

─ 성령님이 조율하셔서 맺으시는 열매

우리가 하나님께 조율될 수 있는 이유는 모든 과정에 함께 하시는 성령님 때문일 것입니다. 성령님은 우리가 하나님께 조율되려 하는 노력 속에 함께 하십니다.

 성령님께서 우리의 삶이라는 밭에 말씀을 심으시고 그 말씀은 자라서 성품이라는 열매를 맺습니다. 사도 바울은 성령님이 우리 안에서 맺으시는 열매에 대해 다음과 같이 나열했습니다.

"사랑, 희락, 화평, 오래참음, 자비, 양선, 충성, 온유, 절제"[148]

그대는 이 성품들을 보면 누가 떠오릅니까? 예수님이지요? 성령의 열매 하나하나는 예수님의 성품이며 예수님의 모습입니다. 성령님은 예수님을 모델 삼아 우리를 빚어 가십니다. 예수님을 닮아가게 하시는 것입니다.

맥스 루케이도라는 기독교 작가는 《예수님처럼》이라는 책에서 "하나님은 우리를 있는 그대로 부르셨지만, 있는 그대로 두시지는 않으십니다. 우리를 변화시켜 가십니다. 예수님처럼"이라고 말했습니다.

하나님은 우리를 하나님의 자녀로 불러주셔서 정말 하나님의 자녀답게 만들어 가십니다. 우리는 예수님의 십자가의 공로로, 하나님의 은혜로 하나님의 자녀라고 여김 받게 되었습니다. 하나님의 자녀 같은 모습은 없었지만 하나님의 자녀로 불러주시기로 하셨습니다. 신앙생활은 정말 하나님의 자녀답지 않았던 사람이 성령님의 일하심을 통해 정말 하나님의 자녀다운 사람이 되는 과정입니다. 그 과정이 바로 조율입니다. 자신을 능동적으로 하나님께 조율하십시오. 하나님께 수동적으로 조율되십시오. 능동과 수동의 신비 속에서 이루어지는 조율을 통해 우리의 삶에 예수님의

---

148 오직 성령의 열매는 사랑과 희락과 화평과 오래 참음과 자비와 양선과 충성과 온유와 절제니 이같은 것을 금지할 법이 없느니라(갈 5:22-23)

모습이 드러날 것입니다.

● 정리와 나눔

1   나의 삶을 하나님의 뜻에 조율해보려 하시나요?

2   내 삶에서 조율이 필요한 영역은 어느 곳일까요?

3   조율을 위해 나는 무엇을 해야 할까요?

4   하나님께 조율되기를 위해 함께 기도합시다.

TO YOU WHO BEGIN FAITH

14 그대는 하나님과 함께 일합니다

하나님께서 사람을 부르시는 목적은 한 가지입니다. 사람과 함께 하시기 위함입니다. 다른 말로 사람과 교제하시려는 것입니다. 하나님과 교제하는 삶은 하나님이 우리를 부르시는 가장 궁극적인 목적이 되는 것입니다.

하나님께서는 우리와 함께하시며 두 가지 일을 하십니다. 첫째, 우리를 하나님의 자녀답게 만드시는 조율입니다. 둘째, 하나님 나라를 위해 우리와 동역하십니다. 그러므로 신앙생활은 하나님과 함께, 하나님 나라를 꿈꾸며 동역하는 삶입니다.

하나님과 함께 일하는 '동역'

하나님께서는 왜 우리와 동역하길 원하실까요?

첫째, 하나님께서 동역을 기뻐하십니다. 누군가는 하나님께서 능력이 부족해서 우리를 필요로 하신다고 생각하는데, 그건 아닙니다. 하나님은 세상을 창조하신 분입니다. 하나님께서 능력이 부족해 무엇을 못한다는 것은 말이 안 됩니다. 다만, 지금은 혼자 일하시기보다 우리와 함께 일하는 것을 기뻐하십니다. 특별히 하나님 나라를 이루어가는 일에는 더욱 그렇습니다.

둘째, 하나님께서 우리에게 상 주시기를 기뻐하십니다. 하나님은 함께 일하는 자에게 상을 예비하셨고 그 영광을 우리와 함께 누리길 기뻐하십니다. 우리가 하나님 나라에 속하게 된 것만 해도 놀랍고 감사한 일인데, 하나님 나라의 일에 참여하게 하시고 상까지 받게 하신다니 놀랍지 않습니까?

누군가는 하나님 앞에서 순수하게 일하지 무슨 상을 원하느냐고 말합니다. 매우 경건한 말 같지만 성경의 가르침은 다릅니다. 사도들은 교회에게 상을 바라보며 일하라고 하였습니다. 사도 자신도 하나님이 주실 상을 기대하며 일한다고 하였습니다.[149] 하나님께서 우리가 상을 바라보고 하나님과 동역하기를 바라신다는 것입니다.

세상 사람들은 좋은 회사에 들어간 것을 자랑하고 사회적으로

---

[149] 나는 선한 싸움을 싸우고 나의 달려갈 길을 마치고 믿음을 지켰으니 이제 후로는 나를 위하여 의의 면류관이 예비되었으므로 주 곧 의로우신 재판장이 그 날에 내게 주실 것이며 내게만 아니라 주의 나타나심을 사모하는 모든 자에게도니라(딤후 4:7-8)

지위가 높은 사람과 함께 일한 것을 자랑합니다. 세상의 기준으로 보면 자랑할 만한 일입니다. 그렇다면 하나님의 기준에서 보았을 때 자랑할 만한 일은 무엇일까요? 하나님 나라에 속하여 하나님과 함께 동역한 것이 아닐까요? 영원의 관점에서 가장 잘 한 일은 이 땅을 살아가면서 하나님과 동역한 일일 것입니다.

언젠가 한 목사님이 딸의 결혼 소식을 전했습니다. 딸과 결혼할 사람은 선교사였습니다. 주변 사람들이 목사님에게 걱정하며 한마디씩 했습니다.

"남편이랑 선교하려면 꽤 힘들 텐데."

세상의 기준으로 보면 타지에서 하나님의 복음을 전하는 일은 고생할 것이 뻔하고 그리 영광스럽게 보이지 않습니다. 그때 목사님이 이런 말씀으로 사람들의 세상적인 우려를 한번에 정리하셨습니다.

"하나님이 살아계시다면, 하나님의 복음 전하는 것보다 더 귀한 일이 있을까요?"

저는 이 말을 들으며 '이분은 정말 하나님의 관점에서 삶을 보고 계시구나'라고 생각했습니다. 하나님의 관점에서 본다면, 하나님 나라를 위해 일하는 것보다 더 영광스러운 일이 어디 있을까요?

물론 직업이 선교사라야만 하나님 나라를 위해 일하는 것은 아닙니다. 어디에 있건, 무엇을 하건 가능합니다. 자신이 하나님 나라 백성임을 기억하고 하나님 나라를 전시하며 살아가고 있다면, 그 사람은 하나님의 일꾼입니다. 그 삶은 세상 어떤 삶보다 영광스럽습니다. 일반 직장을 다니면서 하나님의 사람으로 살아가려고 분투하고 있다면 그 사람도 하나님의 일꾼입니다. 중요한 것은 직업이 무엇이냐가 아니라 어디에서 무엇을 하건, 어떤 마음으로 살아가느냐 하는 것입니다. 하나님 나라를 위하여 산다는 마음을 가지고 하나님의 뜻을 구현하려는 사람은 하나님의 동역자입니다.

그렇다면, 하나님의 동역자로서 어떻게 살아가야 할까요?

하나님의 선한 소원을 품으라

하나님께서는 하나님의 사람을 부르셔서 선한 소원을 심으십니다. 선한 소원은 비전이나 꿈이라는 말로 바꿔 써도 됩니다.

제가 언젠가 교인들에게 비전과 꿈을 가져야 한다고 설교했더니, 스스로 나이가 많다고 생각한 사람들은 그날의 설교가 자기와 상관없는 것처럼 생각했습니다. 우리는 나이가 많아도 하나님과 동역할 수 있습니다. 동역의 모습과 환경이 조금 다를 뿐이지, 얼마든지 하나님 나라를 위해 살아갈 수 있습니다. 그래서 저는 비전이나 꿈이라는 단어보다, 모든 나이에 통용될 수 있는 '선한 소원'이라는 단어를 사용합니다. 선한 소원이란 하나님의 뜻에 합한 소원으로서 하나님이 주십니다. 그래서 선한 소원을 품고 사는 사람은 하나님의 동역자가 됩니다. 이 선한 소원을 품으려면 어떻게 해야 할까요?

첫째, 선한 소원을 갈망해야 합니다. 하나님께서 나를 통해 무엇을 하실지 갈망해야 합니다. 이를 위해 기도하십시오. 하나님께서 주실 선한 소원을 기대하시기 바랍니다.

둘째, 선한 소원의 재료가 필요합니다. 어떠한 소원이든 소원을 품기 위한 재료가 필요합니다. 박세리가 LPGA에서 우승하자 박세리 키즈라 불리는 골프 지망생들이 탄생했습니다. 그 전까지는 그들에게 골프선수가 되겠다는 소원의 재료가 없었지만, 박세리라는 소원의 재료가 생겨나자 골프선수라는 소원을 품게 된 것입니다. 마찬가지로 선한 소원에도 재료가 필요합니다. 선한 소원의 재료는 성경 말씀, 설교, 경건한 사람들의 이야기(간증) 등입니다.

성경은 대표적인 선한 소원의 재료입니다. 성경을 읽을 때, 예를 들어 다음과 같은 선한 소원을 품어보십시오.

"나도 성경 속의 바울처럼 전도자가 되고 싶다. 다니엘처럼 세상 속에서 흔들리지 않는 하나님의 사람이 되고 싶다. 다윗처럼 기도의 사람이 되고 싶다."

저는 목사안수를 받은 첫해에 출애굽기 설교를 준비하면서 선한 소원을 품었습니다. '어떠한 어려움이 있어도 회피하지 말고 모세처럼 부딪쳐서 돌파하는 사람이 되어야겠다'는 소원이었습니다.

그대가 예배에서 듣는 설교 메시지가 선한 소원의 재료입니다. 저는 청년 때 "성도의 비전은 성공보다 거룩입니다"라는 설교를 들은 다음부터 거룩한 삶을 소원했습니다. 제가 얼마나 거룩해졌는지는 하나님만이 아시지만, 분명한 것은 이 소원을 품고 거룩한 삶을 위해 분투했다는 점입니다.

경건한 하나님의 사람들의 이야기가 선한 소원의 재료입니다. 신학교 1학년 때 《구령의 열정》이라는 책을 읽었습니다. 함께 신학을 공부하는 친구들과 그 책을 읽고서, 모두 영혼 구원이라는 선한 소원을 품었습니다. 영국의 위대한 설교자 마틴 로이드 존스의 글과 그의 전기를 읽을 때는 나도 이런 설교자가 되면 좋겠다는 선한 소원을 가지게 되었습니다.

하나님께서는 하나님의 백성에게 선한 소원을 주십니다. 하나님 나라를 함께 이루어갈 꿈을 꾸게 하십니다. 선한 소원의 재료들을 가까이 하십시오.

── 하나님을 향한 사랑으로

하나님과 동역하는 사람은 어떠한 동기로 하나님의 일을 같이 해야 할까요? 가장 근원적인 동기는 하나님을 향한 사랑입니다.

제가 좋은 설교자가 되고 싶다는 소원은 얼핏 보면 아주 경건한 소원처럼 보입니다. 그러나 그 동기가 설교자로서 이름을 날리고 사람들에게 인정받고 싶어서라면 과연 선한 소원이라고 말할 수 있을까요?

무언가가 되고 어떠한 일을 하고자 하는 동기는 하나님에 대한 진실한 사랑에서 비롯되어야 합니다. 하나님을 사랑하기에 공부하고, 하나님을 사랑하기에 삶을 이어가며, 하나님을 사랑하기에 하나님이 지으신 사람들을 섬겨야 합니다.

저는 목회를 하면서 저 자신에게 추함을 느낄 때가 있습니다. 목회사역을 하는 동기를 성찰했을 때, 하나님을 사랑함이 목회의 동기가 되고 있지 않을 때입니다. 사람들의 인정과 칭찬을 구하며, 설교와 예배를 준비하려는 모습을 발견할 때가 있습니다. 성찰의 시간을 통해 이를 깨닫고, 하나님을 향한 사랑이 모든 일의 동기가 되도록 기도하며 마음을 새롭게 하곤 합니다.

우리는 겉으로는 하나님 나라를 위해 일하는 것처럼 보이지만, 그 동기가 잘못될 수 있습니다. 그렇다면 그 일은 겉모습만 다를 뿐이지 세상의 영광을 추구하는 사람들과 동기 면에서는 하나도 다를 것이 없습니다.

그대가 교회에서 하게 될 예배 안내, 새신자 환영, 주일학교 교사, 소그룹 인도, 식사 봉사와 청소 봉사에 이르기까지, 교회에서 하는 모든 일의 동기가 하나님을 향한 사랑에서 하는 것이 되면 좋겠습니다. 하나님을 사랑하기에, 사회 속에서도 그리스도인답게 살아가려 애쓴다면 좋겠습니다.

나를 사랑하사 아들을 십자가에 내어주시기까지 사랑하신 하나님, 자신의 영을 우리에게 부으사 우리와 함께하기 원하시는 하나님, 나를 위해 영원한 나라를 약속하신 하나님, 포기하지 않는 사랑으로 인도하시는 하나님, 그 하나님을 향한 사랑이 모든 사역의 동기와 목적이 되길 바랍니다.

동기가 바로 서야 굳건히 오래갈 수 있습니다. 동기가 참되지 않으면 쉽게 낙심하고 좌절할 수 있습니다. 사람의 인정을 구하려다 실패하면 바로 낙심합니다. 자신의 영광을 위해 일하다 잘못되면 실망합니다. 그래서 그릇된 동기는 나를 온전히 세울 수 없습니다. "하나님을 사랑하기에!" 이것만이 안전한 동기입니다.

하나님과 동역하는 교회의 사역

교회는 하나님 나라 백성들의 공동체입니다. 이 공동체를 세워가는 것은 하나님 나라를 세워가는 일이며 하나님과 직접 동역하는 일입니다.

교회 공동체를 세우는 일 가운데 가장 근본적인 사역은 예배입니다. 예배는 이 땅에서뿐만 아니라 영원한 나라에서도 계속될 교회의 본질적인 사역입니다. 그러므로 교회의 예배를 섬기십시오. 예배를 위해 기도하는 일, 예배당을 정리하는 일, 찬양팀이나 성가대원으로 섬기는 일, 음향과 영상을 섬기는 일, 예배드리러 오는 사람들은 환영하고 자리를 안내하는 일, 처음 오는 사람들의 필요를 채워주는 일 등 예배를 위한 모든 섬김은 하나님과 동역하는 사역입니다.

복음을 전하면서 사람들을 교회 공동체로 이끄십시오. 개인적인 전도뿐만 아니라 교회에서 함께 하는 전도사역에 참여하십시오. 사람들에게 줄 전도지와 전도물품을 정리하는 일, 전도하러 갈 사람들과 간 사람들을 위해 기도하는 일, 전도현장에서 관심을 보인 사람들에게 연락하고 그들을 위해 기도하는 일 등, 전도에 관한 모든 일이 하나님과 동역하는 사역입니다.

말씀과 기도로 사람들을 양육하십시오. 새로 온 성도들에게는 말씀을 가르치는 양육과 사랑의 섬김이 필요합니다. 이를 위해 관계를 맺고 섬기는 일, 소그룹 모임을 인도하는 일, 소그룹 모임에 함께하며 공동체의 필요를 채우는 일, 사람들을 위해 기도하는 일, 지치고 낙심에 빠진 사람을 위로하고 격려하는 일, 관계의 갈등이 생길 때 평화를 이루는 일, 이 모든 일이 하나님과 동역하는 일입니다.

헌금을 드리는 일도 중요한 동역입니다. 헌금은 기본적으로 하나님을 향한 마음의 표현이고 신앙의 고백입니다. 이와 동시에 헌금을 드리는 일은 하나님의 일에 참여하는 것이기도 합니다. 헌금을 통해 하나님의 교회가 운영되고 선한 일을 행하기 때문입니다.

    교회는 하나님 나라를 이루어가는 공동체로서 할 일이 참 많습니다. 교회 공동체 안에서 내가 하고 싶은 일이 있을까 생각하기에 앞서, '내가 도움이 될 수 있는 일은 무엇일까?'를 먼저 생각하며 하나님과 동역하십시오.

세상 속에서 그리스도인으로 살기

하나님 나라를 위한 삶은 교회 안에서만 가능한 것이 아닙니다. 교회 밖에서도 가능하고, 더욱 그렇게 살아야 합니다. 교회 밖에서 할 수 있는 하나님 나라의 일 중에 가장 중요한 것은 무엇일까요? 참된 그리스도인답게 살아가는 일입니다. 가정에서, 일터에서, 학교에서, 모든 관계와 일 속에서 그리스도인으로서 살아가기를 힘쓰십시오. 하나님 나라 가치관을 가지고 말하고 섬기십시오. 그것보다 귀한 섬김은 없습니다.[150]

    누군가는 하나님께 속해 있다는 증거로 삶의 형통을 주장합니다. 일이 잘 풀리고 어려움이 없는 것이 하나님이 함께하시는 증

---

[150] 너희는 세상의 소금이니 … 너희는 세상의 빛이라 … 사람이 등불을 켜서 말 아래에 두지 아니하고 등경 위에 두나니 이러므로 집 안 모든 사람에게 비치느니라 이같이 너희 빛이 사람 앞에 비치게 하여 그들로 너희 착한 행실을 보고 하늘에 계신 너희 아버지께 영광을 돌리게 하라(마 5:13-16)

거라는 것입니다. 물론 하나님이 함께하시면 그런 형통을 경험할 수도 있습니다. 하나님은 우리에게 복을 주시기 때문입니다. 그러나 하나님께서 함께하시는 증거가 형통뿐이라면, 초대교회 시절에 복음을 전하려다 심한 박해를 받았던 사도들의 상황은 어떻게 설명할 수 있을까요? 만일 하나님께서 자기에게는 복을 주셨다며 하나님이 주신 형통을 자랑하면서, 사람들에게는 무례하고 약자를 억압하며 자기만을 위한다면, 그런 사람을 하나님 나라 백성의 모델이라고 할 수 있을까요? 그럴 수 없을 것입니다.

만일 지금 세상이 하나님이 귀하게 여기시는 가치를 귀하게 여기고 있다면, 우리가 세상에서 참된 그리스도인으로 살려고 할 때 존경을 받을 것입니다. 칭찬도 듣고 일이 잘 풀리기도 할 것입니다. 그러나 하나님의 가치를 무시하는 세상에서 살고 있다면, 그리스도인으로서 제대로 살아가려 할 때 오히려 이상한 사람 취급을 받을 것입니다. 하는 일마다 어려움을 겪을 수도 있습니다. 그렇기 때문에 중요한 것은 형통이 아닙니다. 참으로 하나님께 속한 삶입니다.

하나님이 함께하시는 증거는 하나님의 백성답게 구별된 삶을 사는 것입니다. 하나님이 귀하게 여기는 가치를 귀하게 여기며 사는 것입니다. 사회에서 이런 모습을 지켜갈 수 있다면, 그 사람은 하나님과 동역하는 사람입니다.

사람들이 그대에게 이런 삶을 살아가는 이유에 대해 묻는다면,

그대가 믿는 신앙을 담대하고도 겸허히 이야기할 준비를 하십시오. 세상에서 그런 사람으로 살아간다면, 그대는 세상에 서 있는 것만으로도 하나님의 동역자입니다. 그대가 하나님 나라의 삶을 세상에 전시하고 있기 때문입니다.

하나님을 의지하며 기도로 살아가는 자, 하나님의 말씀이 삶에 기준이 된 자, 하나님 나라 앞에서 정직하게 최선을 다해 일하는 자, 선한 것을 기뻐하고 악한 것을 미워하는 자, 약한 자를 배려하고 공존을 이야기하는 자, 정의를 말하면서도 긍휼을 놓지 않는 자, 하나님이 지으신 사람의 가치를 인정하는 자, 사람을 존중하며 환대하며 살아가는 자, 이들이 하나님의 동역자입니다.

세상에서 하나님과 동역하는 사람은 참된 하나님 나라 백성으로서 살아갑니다. 이것이 말로는 쉽게 할 수 있지만, 사실 가장 어려운 일 가운데 하나일 것입니다. 자신의 힘만으로 불가능하기 때문입니다. 그러므로 하나님의 도우심을 구하십시오. 동역은 말 그대로 하나님과 함께 일하는 것이기 때문입니다.

◉ 정리와 나눔

1   영원의 삶을 생각해볼 때, 세상에서 가장 가치 있는 일은 무엇일까요?

2 하나님이 주시는 선한 소원이 있나요? 선한 소원을 품기 위해 어떻게 해야 할까요?

3 교회의 어떤 사역에 함께 하고 싶나요? 그 이유는 무엇인가요?

4 내가 속한 곳에서 그리스도인으로서 산다면, 그것은 어떠한 삶일까요?

15 그대는 분투합니다

신앙생활은 하나님을 따르겠다는 결단에서 시작됩니다. 하나님을 따르겠다고 결단하면 하나님의 복을 경험할 수 있습니다. 그러나 이 결단 때문에 분투(奮鬪)해야 하기도 합니다. 이 세상이 아직 천국이 아니기 때문입니다. 가정, 직장, 학교에는 하나님을 인정하지 않는 사람들이 있습니다. 그 속에서 형성된 문화가 하나님의 뜻과 다를 수 있습니다. 이로 인해 우리의 신앙생활을 방해하는 일들이 다가옵니다. 우리의 내면은 이러한 외적 어려움들을 견뎌내기에 완벽하지 않아서 흔들리고 휘청거립니다. 이런 환경에서 하나님의 백성으로 살아가기를 원한다면, 분투해야 합니다. 분투는 이 세상에서 하나님의 사람으로서 살아가기 위해 노력하는 태도입니다. 신앙생활은 분투입니다.

━━ 신앙생활에서 만나는 저항들

신앙생활을 하며 만나게 되는 외적 저항은 크게 세 가지입니다. 이는 하나님의 사람으로 살아가는 데 어려움을 줍니다. 각 사람이 처한 환경에 따라 다르지만, 외적 저항이 다가오면 내적 저항도 시작됩니다. 하나씩 살펴보겠습니다.

첫 번째, 박해와 조롱과 무시의 저항입니다.

박해란 하나님을 믿지 않는 세계에서 신앙인들이 만날 수 있는 외적 저항으로, 신앙생활을 적극적으로 반대하는 태도입니다. 기독교 신앙에 대해 배타적인 지역에서 주로 일어납니다.

예수님께서는 자신을 따르면 세상에서 박해를 받을 수 있다고 말씀하셨습니다.[151] 예수님이 오셨을 당시 유대교는 예수님을 하나님의 아들로 인정하지 않았습니다. 그래서 예수님을 따르는 자들도 박해했습니다.

사도 바울은 부활하신 예수님을 신비 체험으로 만나고 예수님을 따르기로 결단했습니다. 그 후 바울은 예수님이 하나님의 아들임을 전했습니다. 그 결과 그는 엄청난 박해를 당했습니다. 예

---

[151] 또 너희가 내 이름으로 말미암아 모든 사람에게 미움을 받을 것이나 끝까지 견디는 자는 구원을 얻으리라 이 동네에서 너희를 박해하거든 저 동네로 피하라 내가 진실로 너희에게 이르노니 이스라엘의 모든 동네를 다 다니지 못하여서 인자가 오리라(마 10:22-23)

수님을 하나님의 아들로 인정하지 않았던 유대인들은 바울을 죽이려고까지 했습니다.[152]

오늘날도 마찬가지입니다. 기독교 신앙에 배타적인 곳에서는 박해가 있습니다. 이슬람국가나 공산권에서 예수님을 따르기로 결단하면 그 사회 공동체로부터 심한 박해를 받습니다. 우리나라에 처음 기독교 복음이 전해질 때도 박해가 심했습니다. 현재 우리나라는 종교의 자유가 보장돼 있어서 국가적인 박해는 없습니다만, 신앙생활을 열심히 하려 할 때 신앙이 없는 가정과 직장에서는 박해를 받을 수 있습니다.

조롱과 무시도 신앙인들이 만날 수 있는 외적 저항으로, 신앙생활을 소극적으로 반대하는 태도입니다. 종교의 자유가 법으로 보장돼 있는 나라에서도 신앙인들은 때때로 조롱과 무시를 받습니다. 저도 하나님을 알지 못할 때 교회 다니는 친구들을 이해하지 못하여 그들을 무시하고 조롱하기도 했습니다. 하나님을 알고 나서는 그때 일을 후회했습니다.

우리나라에서는 기독교에 대한 박해보다 조롱과 무시가 많은 편입니다. 신앙생활하는 것을 비웃고 신앙적 가치를 무시하기도 합니다. 조롱과 무시는 박해에 비하면 소극적인 저항이지만, 신앙생활을 하는 이의 마음을 어렵게 하기는 마찬가지입니다.

---

[152] 사울은 힘을 더 얻어 예수를 그리스도라 증언하여 다메섹에 사는 유대인들을 당혹하게 하니라 여러 날이 지나매 유대인들이 사울 죽이기를 공모하더니(행 9:22-23)

박해와 조롱과 무시를 받을 때, 우리는 두려움, 불안, 염려를 느낍니다. 내적 저항이 생기는 것입니다. 내적 저항에 휘둘리면 신앙생활이 위축됩니다.

두 번째, 유혹의 저항입니다.

유혹은 세상이 주는 영광이 하나님이 주시는 영광보다 더 가치 있다고 여기게 만드는 것입니다. 대개 즐기고 누릴 것이 많은 지역에서 유혹이 많이 나타납니다. 실상은 별것이 아닌데 대단하다고 여기게 만듭니다. 따라서 유혹은 기본적으로 속임입니다.

구약성경에는 유혹에 넘어지는 이스라엘 백성의 모습이 자주 나옵니다. 그들은 하나님의 도우심으로 이집트에서 해방되었습니다. 하나님만 섬기며 살아갈 수 있는 땅도 받았습니다. 이제 조금 살만해졌다는 생각이 들 때부터 그들에게 유혹이 다가왔습니다.[153] 가나안 땅의 사람들이 섬기던 신들이 멋져 보였습니다. 하나님보다 능력이 있어 보였습니다. 결국 그들은 하나님을 버리고 우상을 섬겼습니다. 유혹에 넘어갔던 것입니다.

오늘을 사는 우리는 어떻습니까? 하나님보다 중요해 보이는 것들이 없나요? 더 많습니다. 성경은 그것을 우상이라고 말합니다.

---

[153] 애굽 땅에서 그들을 인도하여 내신 그들의 조상들의 하나님 여호와를 버리고 다른 신들 곧 그들의 주위에 있는 백성의 신들을 따라 그들에게 절하여 여호와를 진노하시게 하였으되 곧 그들이 여호와를 버리고 바알과 아스다롯을 섬겼으므로(삿 2:12-13)

자본주의 사회에서 가장 큰 우상은 돈입니다. 사람들은 돈만 있으면 뭐든지 다 된다고 생각합니다. TV의 한 예능프로그램에서 출연자가 자기보다 나이가 어린 사람에게 형이라고 부르면서 "나보다 돈 많으면 다 형이야"라는 우스갯소리를 했습니다. 가볍게 웃고 넘길 말이 아닙니다. 돈을 가장 귀하게 여기는 시대를 반영하고 있기 때문입니다. 돈은 삶에 꼭 필요합니다. 그러나 돈이 인생의 목적이 될 수는 없습니다. 돈은 영원한 목적을 이루는 수단의 자리에 머물러야 합니다.

누군가에게는 명예가 우상이 됩니다. 누군가에게는 당장 유익을 줄 수 있어 보이는 사람이 우상이 됩니다. 결국 하나님만이 있어야 할 곳에 대신 자리잡고 있는 것이 우상입니다.

유혹에 빠진 사람은 당장의 유익만 보고 어리석은 선택을 합니다. 작은 것을 탐하다가 큰 것을 놓칩니다. 후에 이를 알아차렸을 때, 더 후회가 됩니다.

유혹이 다가오면 우리 마음에 탐욕이 일어나는데, 이것 역시 내적 저항입니다. 영적 갈망이 우리를 하나님께 이끄는 도구라면, 세상을 향한 탐욕은 우리를 세상으로 이끄는 도구입니다. 그 때문에 우리는 세상의 즐거움에 빠져 하나님을 잊고 살아갈 수 있습니다.

세 번째, 미혹의 저항입니다[154]

미혹(迷惑)은 거짓 가르침입니다. 사람들을 어리석게 만듭니다. 초대교회에서 예수님을 잘 따르던 사람들이 거짓된 가르침에 빠져 바른 신앙을 잃어버렸습니다. 사도들은 교회가 미혹에 빠지지 않도록 애썼습니다. 바른 신앙이 무엇인지 서신을 써서 보냈습니다. 거짓 가르침을 경계했습니다. 그릇된 가르침은 그릇된 삶을 만들기 때문이었습니다. 바울은 미혹에 빠진 갈라디아 교회에게 "너희가 정말 어리석다"고 한탄했습니다.[155] 얼마나 안타까웠으면 사랑하는 교회에게 그렇게까지 말했을까요?

오늘날에도 유혹이 있습니다. 좁은 관점에서 보면 이단이 미혹합니다. 이단은 잘못된 교리로 성도들의 신앙을 흔듭니다. 넓은 관점에서 보면 세상 문화가 미혹합니다. 그렇기 때문에 우리는 세상의 가치관과 세계관을 성경에 비추어 분별해야 합니다. 세상 문화 속에서 분별력 없이 살다 보면 성도 안에 세워진 하나님 중심의 가치관이 흐려지기 때문입니다.

미혹이 다가오면 우리는 방황하며 혼란을 느낍니다. 건강하던 신앙생활이 갑자기 휘청거립니다. 이것 또한 내적 저항입니다.

---

[154] 여러 가지 다른 교훈에 끌리지 말라(히 13:9) 누가 철학과 헛된 속임수로 너희를 사로잡을까 주의하라(골 2:8)

[155] 어리석도다 갈라디아 사람들아 예수 그리스도께서 십자가에 못 박히신 것이 너희 눈 앞에 밝히 보이거늘 누가 너희를 꾀더냐(갈 3:1)

우리의 마음이 굳건하면 우리 밖에서 다가오는 박해, 유혹, 미혹이 문제가 될까요? 다 이겨내고 하나님을 잘 섬길 수 있습니다. 그런데 정말 답답한 것은 우리의 내면이 약하다는 점입니다. 박해가 다가오면 '에이, 다 그만두고 싶다'는 마음부터 듭니다. 유혹이 다가오면 마음이 움직입니다. 미혹이 다가올 때는 분별력을 잃어버리고 동요합니다. 내적 저항을 경험하는 것입니다. 이것이 저와 그대가 다 가지고 있는 인간의 연약함입니다.

외적, 내적 저항을 감당하려면

외적이든 내적이든, 우리는 저항을 어떻게 감당할 수 있을까요? 분투해야 합니다.[156] 열심히 맞서 싸워야 합니다.

우리가 신앙생활에 대해 오해하는 것이 있습니다. 신앙생활은 고요하고 평안하고 평화로운 것이라는 오해입니다. 악한 영은 신앙생활을 방해합니다.[157] 악한 영은 앞에서 살펴본 외적 저항들을 통해 우리의 신앙을 공격합니다.[158] 우리는 그 저항들과 분연히

---

[156] 내가 내 몸을 쳐 복종하게 함은 내가 남에게 전파한 후에 자신이 도리어 버림을 당할까 두려워함이로다(고전 9:27)

[157] 근신하라 깨어라 너희 대적 마귀가 우는 사자같이 두루 다니며 삼킬 자를 찾나니(벧전 5:8)

[158] 우리의 씨름은 혈과 육을 상대하는 것이 아니요 통치자들과 권세들과 이 어둠의 세상 주관자들과 하늘에 있는 악의 영들을 상대함이라(엡 6:12)

싸워야 합니다. 이 땅에서의 신앙생활이란 한마디로 '분투하는 것'입니다.

   신앙생활에서 누릴 수 있는 평안과 기쁨은 분투를 거쳐 승리한 결과입니다. 승리 후 얻은 전리품과 같은 것으로서, 분투한 다음에야 맛볼 수 있는 선물입니다.

   하나님을 인정하지 않는 사회에서 신앙인으로서 하나님의 뜻을 따라 살아가길 원한다면 분투해야 합니다. 우리 가정을 신앙적으로 만들어가길 소망한다면 가만히 있어선 안 됩니다. 분투해야 합니다.

   저는 고등학생 때 집안에서 제일 먼저 신앙생활을 시작했습니다. 저희 가정은 겉으로는 불교를 표방했지만 사실 무속신앙에 가까웠습니다. 그런 환경에서 제가 하나님을 따르기로 결단하고 부모님에게 전도했습니다. 감사하게도 부모님이 교회에 다니게 되었습니다. 그러나 두 분 다 신앙체험을 하기까지는 시간이 걸렸습니다. 나중에 가족 모두 교회를 다니게 된 후에도 하나님 중심의 문화가 자리 잡기까지는 많은 시간이 걸렸습니다. 제사나 무속신앙의 문제를 극복해야만 했습니다. 저는 이를 위해 기도와 말씀으로 섬기며 분투했습니다. 가족에게 기독교 신앙에 어울리는 삶을 살도록 권면했습니다. 하루아침에 변화되는 부분도 있었지만, 몇 해를 두고 분투해야 하는 부분도 있었습니다.

   일터도 마찬가지입니다. 세상 직장에서 하나님의 백성으로서 살아가기가 여간 만만한 일이 아닙니다. 가치관과 문화가 다르기 때문입니다. 특히 신앙인이 별로 없는 일터에서 참된 그리스도인으로서 살아가려고 해보십시오. 사람들이 그대를 다른 별에서 온 사람처럼 생각할 수 있습니다. 그런 사회에서 그저 살아가는 것을 넘어 복음을 나누고 한 사람을 예수님께 인도하겠다는 마음을 품었다면 더 분투해야 할 것입니다. 내 앞가림을 넘어 누군가를 섬기는 일까지 해야 하기 때문입니다.

심지어 교회생활에도 분투가 필요합니다. 세상을 살아가면서 시간을 구별해 하나님께 드리려면 다른 무엇을 포기해야 합니다. 학생이라면 교회 나올 시간에 공부를 더 할 수 있습니다. 직장인이라면 자기계발을 더 할 수 있습니다. 청춘은 데이트를 더 할 수 있습니다. 장년은 일요일에 꽃놀이를 갈 수 있습니다. 사업하는 사람들은 돈을 좀더 벌 수 있습니다. 그럼에도 주일을 구별하여 하나님께 드리고 있다면, 그 사람은 분투하고 있는 것입니다.

신앙생활은 사실 온통 분투입니다. 성경을 읽어보십시오. 믿음으로 살았던 사람들의 삶을 묵상해보십시오. 그들은 구름 위를 걷듯이 평화로이 살지 않았습니다. 자신의 신앙대로 살기 위해 분투했습니다. 하나님이 주신 사명 때문이었습니다.

교회의 역사를 보아도 그렇습니다. 중세 시대에 사막으로 가서 산 사람들이 있었습니다. 부패한 교회를 뒤로하고 하나님께 온전히 속하여 살기 위해서였습니다. 조용한 사막에서는 아무런 분투도 필요없었을까요? 아닙니다. 사막에서는 내면의 분투가 더욱 필요했습니다. 더러운 생각과 허망한 욕망과 싸우며 마음을 깨끗하게 하려고 애를 썼습니다.

기독교가 타락했을 때, 성경에 사로잡혔던 사람들은 기독교를 개혁하기 위해 분투했습니다. 사회가 타락으로 치달을 때, 하나님의 사람들은 이를 막고자 하나님의 정의를 외치며 분투하였습니다. 시대의 영적 형편이 엉망이었을 때, 하나님의 사람들은 복음 전도를 위해 분투했습니다.

그렇다면, 왜 우리는 하나님의 뜻을 따르고자 분투할까요? 내가 따르기로 결단한 하나님이 귀하시기 때문입니다. 하나님을 섬기는 일이 귀합니다. 나를 위해 자신을 내어주신 예수님의 사랑이 귀합니다. 나와 함께 하시는 성령님이 귀합니다. 우리가 이루어가야 할 하나님 나라가 귀합니다. 그 나라를 위해 내게 주신 사명이 귀합니다. 무엇보다 나를 사랑하신 하나님을 나도 사랑하기 때문입니다.

하나님의 도우심을 의지하라

우리는 언제까지 분투해야 할까요? 예수님이 다시 오실 때까지, 하나님 나라가 완전히 임할 때까지입니다. 그때까지 분투하려면 하나님의 도우심이 반드시 필요합니다. 분투하는 우리를 하나님께서 도와주시기를 간구해야 합니다.

신앙생활에는 동전의 양면처럼 분리될 수 없는 부분이 있습니다. 한쪽 면은 분투입니다. 분투는 우리가 하나님을 따르기 위한 노력이므로 우리의 영역입니다. 다른 면은 하나님의 도우심입니다. 우리가 스스로 분투하려는 노력이 필요한 만큼 하나님의 도우심이 필요합니다.

성경에서 하나님을 따르는 자에게는 두 가지 메시지가 함께 전달됩니다. 하나는 하나님을 따르는 자들에게 "각오 단단히 하고 정신 차리라"는, 곧 분투를 독려하는 메시지입니다. 다른 하나는 "하나님께서 함께하시며 힘과 지혜를 주시고 길을 열어주신다"는 격려와 위로의 메시지입니다. 성경에서 이에 대한 두 말씀을 살펴보겠습니다.

> 그러므로 너희는 가서 모든 민족을 제자로 삼아 아버지와 아들과 성령의 이름으로 세례를 베풀고 내가 너희에게 분부한 모든 것을 가르쳐 지키게 하라 볼지어다 내가 세상 끝날까지 너희와 항상 함께 있으리라 하시니라(마 28:19-20)

> 주여 이제도 그들의 위협함을 굽어보시옵고 또 종들로 하여금 담대히 하나님의 말씀을 전하게 하여 주시오며 손을 내밀어 병을 낫게 하시옵고 표적과 기사가 거룩한 종 예수의 이름으로 이루어지게 하옵소서 하더라 빌기를 다하매 모인 곳이 진동하더니 무리가 다 성령이 충만하여 담대히 하나님의 말씀을 전하니라(행 4:29-31)

우리가 전도하러 나가서 제자를 삼고, 세례를 베풀고 말씀을 가르치고 지키게 하는 것은 분명 분투하는 일입니다. 그런데 이 말씀의 끝에 예수님의 약속이 있습니다.

"내가 너희와 항상 함께 있으리라!"

사도행전에 기록된 이 기도를 드릴 당시, 제자들은 유대인으로부터 심한 박해를 당하고 있었습니다. 그들은 박해 속에서도 사명을 감당하기 위해 분투하고 있었습니다. 그들은 하나님의 도우심을 구할 수밖에 없었습니다. 그러자 하나님께서 성령을 부어주셨습니다. 박해에도 불구하고 담대히 복음을 전하는 용기를 갖게 하신 것입니다. 하나님의 도우심이었습니다.

하나님은 분투하며 앞으로 나아가는 영혼을 도우십니다. 하나님은 분투하는 영혼 안에 계시고, 분투하는 영혼은 하나님 안에 있습니다. 그렇다면, 하나님은 우리를 어떻게 도우실까요?

첫 번째, 하나님은 우리 안에서 우리를 도우십니다.

우리가 하나님께 순종하려 하면 불순종하려는 마음과 충돌합니다. 두 마음의 힘이 서로 비슷해 순종하기 힘들 때가 있습니다. 그럴 때 이렇게 기도하십시오.

"주님, 순종하는 하나님의 자녀가 되고 싶습니다."

이 기도가 분투의 시작입니다. 이런 기도를 드리다 보면 하나님께서 기뻐하시는 마음을 우리 속에 가득 채우십니다.

인내해야 하는데 인내하기 힘들 때가 있습니다. 품어야 하는데 품기 어려울 때가 있습니다. 용서해야 하는데 용서가 안 될 때가 있습니다. 담대해야 하는데 두려움이 생길 때가 있습니다. 깨끗한 마음을 품고 싶은데 더러운 마음이 차고 넘칠 때가 있습니다. 감사하는 마음을 가지고 싶은데 불평이 쏟아져 나올 때가 있습니다. 그럴 때마다 하나님께 도움을 충분히 구하십시오. 하나님께서 좋은 마음, 복된 마음을 일으키실 것입니다.

두 번째, 하나님은 우리 밖에서 우리를 도우십니다.
우리 밖에서 신앙생활을 방해하는 일이 많습니다. 우리 발걸음을 뒤로 물리고 좌절시킵니다. 마음을 무너뜨리고 휘청거리게 만듭니다.

하나님께서는 우리 밖에서 우리의 상황과 형편을 위해 일하십니다. 하나님께서 모세에게 아론을 붙여주셨듯이, 우리에게도 함께 일할 사람을 붙여주십니다. 홍해를 가르셨듯이 막힌 일을 뚫어주시고 답답한 문제를 해결해주십니다.

분투하는 영혼이 하나님의 도우심을 구할 때, 하나님은 도우시고 구원하십니다. 우리 안에서 일하시고, 우리 밖에서 일하십니다. 하나님은 가장 좋은 것을 약속하시며 이 길을 걸어가는 그대를 응원하십니다. 신실하게 분투하며 살아갑시다. 주님 오시는 날까지 말입니다.

정리와 나눔

1   그대는 신앙생활의 방해요소 중 어떠한 것을 경험하고 있나요?

2   어떠한 방해요소가 그대를 가장 힘들게 하나요?

3   현재 그대가 분투하는 부분이 있나요? 서로 응원합시다.

4   현재 하나님의 도우심을 구하는 부분은 무엇인가요? 서로 기도해줍시다.

16 그대는 희망을 노래합니다

성경은 세상의 타락을 말합니다. 하나님께서 세상을 아름답게 창조하셨지만 세상은 하나님을 떠나 타락했습니다. 인간의 역사를 보면 더 분명히 알 수 있습니다. 사람들은 하나님에게 무관심했습니다. 때로는 하나님께 저항했습니다. 영적 어둠의 역사입니다.

하나님께서 이스라엘이라는 한 백성에게 자신을 계시하셨습니다. 친히 자신을 드러내시고 자신의 법(法)도 보여주신 것입니다. 그런데 그 백성마저 너무 쉽게 우상숭배에 기울어졌고 불의로 가득하게 되었습니다. 이를 볼 때, 성경이 말하는 세상의 타락을 부인하기는 어렵습니다.

우리가 사는 지금 세상도 여전히 영적으로 어둡습니다. 하나님을 아는 지식은 점점 가치를 잃어가고 있습니다. 세상의 현란한 유혹과 구조적인 악 가운데서 선한 삶이 붕괴되는 모습을 봅니다. 이런 세상에서 우리가 하나님 나라를 꿈꾸며 신앙생활을 잘할 수 있을까요? 우리는 이 일에 과연 희망을 가질 수 있을까요?

── 희망이 있습니까?

사람들은 자신의 힘으로 더 좋은 세상을 만들어 보려고 합니다. 그런 노력이 긍정적인 결과를 얻었을까요? 인간의 문명은 급속도로 발전했습니다. 그러나 발전된 문명에 발맞춰 그만큼의 도덕적 진보도 있었다고 말할 수 있을까요? 물음표를 던지지 않을 수 없습니다.

 지나친 개발로 인해 세계 곳곳의 환경이 파괴되었습니다. 지구 온난화로 인한 생태계 파괴는 심각합니다. 사람들은 있는 힘을 다해 최선의 지도자를 뽑습니다. 그러나 타락한 지도자의 소식은 수시로 들려옵니다. 이상적인 사회를 꿈꾸며 법과 조직들을 정비해보지만, 이를 악용하는 사람들은 여전히 많습니다. 과연 사람들의 힘만으로 세상을 유토피아로 만들 수 있을까요?

 성경은 세상에 대해 긍정적으로 이야기한 적이 없습니다. 타락한 세상 곳곳에 죄악이 교묘히 스며들었습니다. 심지어 선한 일에도 죄악이 스며들었습니다. 선과 악을 분리하기 어렵게 만들어 놓았습니다.

 과연 이런 세상에서 교회는 희망을 이야기할 수 있을까요? 얼핏 보면 교회부터 희망을 말할 자격이 없는 것 같습니다. 언론에서 터져 나오는 교회의 온갖 문제들은 세상에서 일어나는 문제들과 별반 다를 바 없어 보이기도 합니다. 아니, 어떤 때는 더 부끄럽기도 합니다.

저는 한동안 제 자신과 세상과 교회를 바라볼 때, 희망이 그리운 시절을 살고 있었습니다. 2016년, 성탄절을 맞이하면서 설교를 준비할 무렵이었습니다. 성탄절이었기에 예수님이 이 땅에 오신 부분을 읽고 있었습니다. 그때 저는 성경에서 희망을 만났습니다.

예수님이 이 땅에 오셨던 당시에도 세상은 여전히 어두웠습니다. 하나님의 백성이라는 이스라엘도 어두웠습니다. 그들에겐 하나님이 주신 법과 제사제도가 있었지만, 정작 그들 가운데 오신 하나님의 아들을 알아보지 못할 정도로 영적 어두움 속에 있었습니다.

그런데 말입니다, 하나님은 그 어두운 땅에 당신의 아들, 예수님을 보내셨습니다. 하나님 나라를 알리시기 위해, 사람들을 그 나라로 초대하시기 위해, 사람들의 죄를 용서하시기 위해 하나님의 아들을 보내신 것입니다. 그 아들은 이 땅에 오셔서 하나님 나라를 전하셨습니다. 십자가에서 죽으시고 다시 살아나셨습니다. 그리고 그를 따르던 사람들에게 약속하셨습니다. 의와 사랑과 복이 충만한 하나님 나라를 이룰 것이니 기다리라고, 다시 와서 그 나라를 이루시겠다고! 저는 그 말씀에서 희망을 보았습니다.

하나님께서는 하나님의 아들을 이 땅에 보내실 정도로 이 세상을 포기하지 않고 계셨습니다. 세상 죄를 용서하기 위해 아들을 십자가에 내어주실 정도로 세상을 여전히 사랑하고 계셨습니다. 예수님께서 다시 오셔서, 이 세상을 완전한 하나님 나라로 새롭게 창조하겠다는 계획을 말씀하실 정도로, 여전히 하나님 나라를 꿈꾸고 계셨습니다. 하나님은 죄와 허물로 가득한 이 땅을 여전히 포기하지 않으시고 사랑하시며, 이 땅을 향해 선한 계획을 가지고 계셨습니다. 저는 그 하나님에게서 희망을 보았습니다. 희망을 만났습니다.

우리가 살고 있는 세상에는 수많은 문제가 있습니다. 이런 세상에서 희망을 이야기할 수 있을까요? 네, 이야기할 수 있습니다. 그러나 그 희망의 근거는 사람에게 있지 않고 하나님께 있습니다. 하나님께서 이 세상을 포기하지 않고 계시니 희망이 있습니다. 하나님이 세상 속에서 일하셨고, 일하시고 계시며, 일하실 것이기 때문입니다.

교회에 대한 부정적인 이야기가 들려오는데, 교회에서 희망을 이야기할 수 있을까요? 네, 희망을 이야기할 수 있습니다. 하나님께서 교회와 함께하시기 때문입니다. 하나님은 교회를 새롭게 하시고, 교회를 통해서 일하실 것입니다.

사무치도록 희망이 그리웠던 시절에, 그해 성탄절 이후 저는 하나님의 새로운 모습을 만났습니다. 사람에게 희망을 주시는 하나님이었습니다.

희망을 주시는 하나님

성경은 크게 세 가지의 흐름을 가집니다. 첫 번째 흐름은 하나님의 아름다운 창조입니다. 두 번째 흐름은 인간의 타락입니다. 그러나 세 번째 흐름이 있습니다. 바로 하나님의 구원입니다. 타락한 세상을 회복하심으로 다시 아름답게 만드는 이야기입니다. 그러므로 성경은 희망의 이야기입니다. 성경은 희망을 주시는 하나님을 이야기합니다.

그러면 성경은 인간을 어떻게 바라볼까요? 성경은 인간에 대해 이렇게 말합니다.

"하나님이 인간을 아름답게 창조하셨다. 그러나 불순종으로 하나님과 관계가 단절되었다. 하나님의 복에서도 단절되었다. 하나님의 영과 교통하지 못함으로 어둠의 영에 영향을 받는 존재가 되었다. 결국 이 땅에서 한낱 먼지로 돌아가는 삶이 되었다."

여기까지만 보면 성경의 인간론은 암울합니다. 그러나 이것이 성경의 결론은 아닙니다. 성경은 결국 희망을 이야기합니다.

하나님께서 예수 그리스도를 통해 모든 사람을 부르십니다. 예수 그리스도의 십자가를 통해 모든 죄를 용서받게 하십니다. 하나님의 자녀가 되어 하나님과 교통하는 삶을 살게 하십니다. 하나님의 자녀다운 모습을 이루어가게 하십니다. 하나님의 동역자가 되게 하십니다. 하나님의 계획 속에 이 땅에서 살다가 영원한 복에 참여하게 하십니다. 하나님의 성령으로 우리를 예수님처럼 온전한 하나님의 자녀로 세우십니다.

성경은 인간의 어두운 본성에 대해 이야기함과 더불어 "하나님의 은혜로 이것이 다 극복될 것이다. 온전한 하나님의 자녀가 될 것이다"라고 이야기합니다. 성경은 인간을 하나님 안에서 희망적으로 바라보는 것입니다. 물론 인간은 세상에서 무수히 무너지고 휘청거리기도 할 것입니다. 그러나 인간에 대한 하나님의 궁극적 계획은 완성입니다. 희망입니다.

하나님은 이스라엘 백성을 기르시면서 늘 희망을 주셨습니다. 광야의 아브라함에게 "너를 통해 큰 민족을 이루겠다"고 말씀하셨습니다. 아무런 희망 없이 살던 모세에게 "너를 통해 이스라엘을 이집트에서 해방시키시겠다"고 약속하셨습니다. 노예로 살고 있던 이스라엘 백성에게 젖과 꿀이 흐르는 땅을 주시겠다고 하셨습니다.

사람을 향한 하나님의 메시지도 희망이었습니다. "사람이 할 수 없는 것을 하나님이 하신다"는 것이었습니다. 구원의 메시지, 소망의 메시지였습니다.

하나님의 아들 예수님이 이 땅에 오셔서 외친 메시지는 어떠했을까요? 하나님 나라에 관한 기쁜 소식이었습니다. 하나님께서 세상을 사랑하셔서 하나님 나라로 초대하신다는 희망의 메시지였습니다. 사람은 결코 이룰 수 없는 그 나라를 하나님이 이루실 것이라는 약속이었습니다.

어부였던 제자들을 부르셔서 "내가 너희를 사람을 낚는 자가 되게 하겠다"고 하셨습니다. 내세울 것 없던 베드로를 향해 "네가 앞으로 교회의 반석과 같은 존재가 되리라"고 하셨습니다. 예수님을 핍박하던 바울을 부르셔서 "너를 이방에 주의 빛을 발하는 사람이 되게 하겠다"고 하셨습니다.

예수님의 삶을 보십시오. 예수님은 죽으셨으나 부활하셨습니다. 부활은 희망의 절대적인 상징입니다. 죽음이라는 절망을 뚫은 희망의 사건이었습니다. 성경의 하나님은 참으로 희망을 주시는 하나님이었습니다.

희망을 노래하며 살아갈 이유

신앙생활이란 무엇입니까? 고통스럽고 좌절할 수밖에 없는 세상을 살아가지만 하나님 때문에 희망을 잃지 않고 사는 것입니다. 하나님과 함께 희망을 노래하며 살아가는 것입니다.

우리는 하나님을 바로 알고 바로 따르려 합니다. 이렇게 신앙생활을 할 때 사탄의 저항으로 좌절하는 일이 생길 것입니다. 낙심

되는 일도 생길 것입니다. 그럼에도 불구하고 희망을 버리지 마십시오. 신앙생활을 시작하게 하신 이도 하나님이요, 신앙생활을 이루어가시는 이도 하나님이요, 신앙생활을 완성시키실 이도 하나님이십니다.

하나님을 향한 희망이 우리 안에 살아 숨 쉬게 하십시오. 신앙생활은 날마다 하나님을 바라보며 사는 희망의 여정이며 희망을 노래하는 삶입니다. 그러므로 아무리 앞이 어둡고 캄캄해도, 어떠한 상황에서도 희망을 선택하십시오. 하나님께서 우리 삶 속에 하실 일이 있습니다. 이를 바라보십시오.

앞으로 그대의 신앙생활에 어떤 일이 찾아올까요? 알지 못합니다. 한 치 앞도 내다보지 못하는 사람이 내일을 어찌 알 수 있을까요? 우리 삶에는 변수도 많습니다. 좋은 일, 행복한 일, 괴로운 일, 슬픈 일, 아마 이런저런 일이 예고도 없이 찾아올 것입니다. 성공과 실패, 활력과 무기력이 찾아올 것입니다. 그러나 우리가 반드시 알고 기억해야 할 일이 있습니다. 어떤 상황이 오든 하나님이 함께하실 것이라는 사실입니다. 또한 그대가 선택해야 할 것이 있습니다. 어떠한 상황이 오든 하나님과 함께 희망을 노래하겠다는 선택입니다.

역사 속에 가장 어두웠던 사건은 하나님의 아들이 십자가에서 죽은 사건입니다. 그러나 하나님께서는 예수님을 부활시키심으로 새로운 세상을 여셨습니다. 그 하나님이 그대와 함께하시는 하나님입니다. 그렇기 때문에 그대는 희망을 선택하고 노래할 수 있습니다.

세상의 가장 어두운 순간마다, 교회가 어려움이 있을 때마다, 자신에게 실망할 때마다, 세상과 교회와 그대를 여전히 사랑하시고 포기하지 않으시는 하나님을 바라보십시오.

저는 어려울 때마다 하나님 덕분에 희망을 노래할 수 있었습니다. 그리고 한 걸음씩 내딛기 시작했습니다. 하나님은 저에게 희망의 하나님이십니다.

후회스러운 과거는 있을 수 있어도 포기해도 되는 미래는 있을 수 없습니다. 저는 어제 무너졌고 오늘 또 넘어지더라도, 저를 포기하지 않으시는 하나님이 함께하신다면, 다시 희망을 노래하며 내일을 마주하려 합니다. 비록 어제가 후회스럽고 오늘이 만족스럽지 못해도, 늘 저와 함께하시는 하나님과 함께 내일의 희망을 이야기하려 합니다.

그대의 신앙생활을 응원합니다

신앙생활은 그대가 하나님을 알아가며 하나님을 따르는 삶입니다.

'전능하사 천지를 창조하신 하나님 아버지'는 '하나님 나라'를 꿈꾸셨습니다. 우리의 삶에 참여하셔서 '하나님의 아들 예수님'

을 통해 그 나라의 문을 여셨습니다. 그 나라에 속하기를 원하는 사람들에게 '동행자 성령님'을 보내주셨습니다. '교회'를 터전 삼아 살아가게 하셨습니다.

하나님께서는 이 일을 위해 우리를 '부르셨습니다.' 우리는 이에 따르기로 '결단'하였습니다. 우리는 하나님의 부르심 속에 우리를 하나님의 자녀로 조율해갑니다. 하나님과 동역하며 살아갑니다.

우리는 아직 하나님 나라가 온전히 이루어지지 않은 세상 속에서 '분투'하며 살아갑니다. 하나님께서 우리와 함께하시기에 '희망'을 노래하며 살아갑니다. 이것이 우리의 신앙생활입니다.

이제 막 신앙생활을 시작하셨나요? 이미 신앙생활을 하고 계신가요? 그렇다면 참으로 잘 하셨습니다. 끝까지 가십시오. 정말 잘해보십시오. 저도 함께 응원하며 걸어가겠습니다.

신앙생활을 시작한 그대를 박수치며 응원합니다.

● 정리와 나눔

1 희망을 이야기할 수 없는 나와 세상의 모습이 있나요?

2 나의 삶에 하나님께서 함께하신다면 어떤 희망을 가질 수 있을까요?

3 하나님과 함께 희망을 노래하며 살기를 결단하고, 함께 기도하십시오.